情商

改变孩子一生的能量书

张然◎著

中国商业出版社

图书在版编目（CIP）数据

情商：改变孩子一生的能量书/张然著．—北京：中国商业出版社，2013.7
ISBN 978-7-5044-8139-9

Ⅰ．①情… Ⅱ．①张… Ⅲ．①情商—家庭教育 Ⅳ．①G78

中国版本图书馆CIP数据核字（2013）第122520号

责任编辑：张振学

中国商业出版社出版发行
010-63180647 www.c-cbook.com
（100053 北京广安门内报国寺1号）
新华书店总店北京发行所经销
北京毅峰迅捷印刷有限公司
*
710×1000毫米 16开 16印张 200千字
2013年8月第1版 2013年8月第1次印刷
定价：32.00元
* * * *
（如有印装质量问题可更换）

Preface
前言

从以往的社会实践来看，社会组织培养人才与选聘人才，一直重视的都是智力因素，并且还有一个衡量智力的测试系统——智商（IQ），也称智力商数，智力商数越高，表明一个人的才智越高。长期以来，由于人们一直都受这一测评的影响，特别是一些年轻的家长们，为了提高自己孩子的智商，当孩子嘴上还叼着抚慰奶嘴时，就被送进了英语班、奥数班、绘画班、钢琴班、舞蹈班。而其结果又如何呢？这些被送进这班那班的孩子都成才了吗？答案是令人伤心和遗憾的。那么，早教甚或是“笨鸟先飞”都没有用吗？非也，其中的原因即科学又具警示性。即：一个孩子在成长的道路上，最终能不能成为一个出色、成功的人，并不取决于孩子的智力因素——智商，而是非智力因素——情商。前者占20%，后者80%，因此，这样的教育结果只能是一些孩子虽然智商很高，学习成绩也很优秀，但品质不高，情感残缺，甚至有的表现为自私自利、唯我独尊，不懂得关心他人和帮助他人，不懂得孝敬父母，有的是非不分、颠倒黑白，不懂得什么是真、善、美，还有的意志薄弱，感情脆弱，经不起打击的挫折……试想，这样的高智商孩子又能做成什么呢？

至此，有人不禁要问：何为“情商”？它是良好的道德情操，是乐观幽默的品性，是面对并克服困难的勇气，是自我激励、持之以恒的韧性，是同情和关心他人的善良，是善于与人相处，把握自己和他人情感的能力等等。简而言之，它是人的情感和社会技能，是智力以外的重要内容。

知道了这些，就不难明白，为什么情商如此重要了。孩子从出生，到进入幼儿园，再到跨进学校的大门，以及日后走向社会，情商技能无不伴其左右，我们已经听惯了这样的叹息："唉，这么聪明的孩子真可惜。"也看惯了无数家境一般，智力平平的孩子最终走向人生辉煌的例子。那么，我们在摇头叹息或惊愕讶异之间，是否想到了要对孩子进行情商培养呢?

那么，如何才能培养高情商的孩子呢？这正是本书要告诉各位家长的。

本书以无比详实的例证，告诉家长们如何预防和杜绝孩子不好的行为，如何培养孩子的各种情商技能，如何帮助孩子掌握走向成功的金钥匙。书中的理论集美国心理学研究之大成。

新的世纪是一个要求更高，竞争更加激烈的世纪，无论对你还是对孩子，都是一种挑战，那么你和孩子都准备好了吗？无论你清楚与否，在培养孩子的过程中，你哪怕在方法和态度上稍微做一点点对你来说是一种举手之劳的改变，都可能决定孩子终生的成功与幸福，相信你不会不愿意。

Contents
目录

三 引导孩子树立正确的人生观
——一个人对待人生的态度，取决于他从小确立的人生观

四 塑造孩子乐观积极的性格
——多一分好性格，就少一分坏情绪

五 锻炼孩子稳定的心理素质
——过硬的心理素质是抵御坏情绪的克星

六 培养孩子博大的胸襟
——孩子无大胸襟，未来则无以致高远

七 让孩子懂得感恩
——懂得感恩是提高孩子社会责任的最大动力

八 让孩子有个好人缘
——好人缘的孩子才会有竞争力

九 教孩子学会掌控情绪
——掌控情绪就是避免错误

十 教导孩子热爱生活，善于融人
——热爱生活才能去创造和享受生活

一 关注孩子的情感世界

——丰富的情感是孩子身上最重要的非智力因素

具有丰富的情感是人类最显著的特征之一，它表现在对亲情的挚爱，对爱情的忠贞，对友情的重视，以及对丑恶的憎恶，对弱势者的同情，对他人的宽容等。正是从这些情感出发，使得一个人在自己的行为中不只是想着自己，而是能惠及他人，惠及社会，从而成为一个成功的人。

让孩子知道自己无时不在承受他人的爱

每个做父母的都要让孩子知道，在这个世界上，每个人都在生活中承受着别人的爱，没有这种相互的关爱，这个社会是无法承继下去的。

关敏是个可爱的姑娘，已经上高中了，面对爸爸的盘问，她说："你们总不相信我，我长大了，可以照顾自己了。"父亲在一旁默默无语。我不懂父母怎么这样不信任我，我早已不是在天天吃泡面了，可他们总是用怀疑的口吻问："真的去食堂吃饭了吗?"我很不耐烦地点头。

这个问题，父母问过我不知道多少遍了，可他们仍按惯例——我住校一回到家，他们就要先问我一遍，絮叨着吃泡面没有营养，不正常进食的话就会搞坏胃，可能会得胃病，这可难治呀。父亲总是拖长声音好像是在拷问我。

下午我去姥爷家。姥爷人很好，好得让我生气，他总是把我孝敬他的东西分给别人。

"姥爷，您又把我上次给你的梨给别人了?"我一见面就拉着姥爷手问。

"没有，我自己吃了。"

"骗人!"

"我真的是自己吃了!"姥爷还在努力地狡辩。

于是，我先检查冰箱，果然许多梨就剩两个了，我知道姥爷是吃不了那么多的。"这么快就吃了?"

"没有，前几天咳嗽，都煮了吃了，很甜。"姥爷说。

"真的?"我仍旧不放心地问。

"真的，你个小丫头好烦呀!"

“不骗人！”

“骗人是小狗！”姥爷吹胡子瞪眼。

晚上，回到家。我仍想着姥爷，原来父母不信任我正如我不信任姥爷一样，那种不信任来自不放心，来自内心最深处的爱。这一种怀疑就是爱。

“谁言寸草心，报得三春晖。”孩子是在爱中成长，在爱中学会爱的。试想，如果父母们对孩子只是一味地奉献、一味地关爱，而不让孩子了解父母所做的一切，不了解父母内心的真实感受，那么孩子就很难懂得感恩，很难会有对父母的爱。父母要培养孩子有一双能够发现爱的眼睛，培养孩子有一颗感受生活的灵敏的心。比如对待吃鱼，父母应在孩子小时候就真诚地告诉孩子，爸爸妈妈其实也很想吃鱼肉，但是爸爸妈妈舍不得吃，爸爸妈妈希望把最好的东西留给孩子吃，希望自己的孩子营养充足，快快长大。这样，孩子就会知道父母的苦心，从而慢慢地体会这份苦心，长大后就会因此而学会感恩。

那么，身为父母如何去培育孩子的这种感恩的爱的能力呢？以爱育爱，重要的是让孩子感动。只有真正的爱，才能让孩子感动；被真爱感动的孩子，才会懂得感恩；懂得了感恩的孩子，心中自然会有爱。

著名教育家苏霍姆林斯基说过：“爱的教育应是整个教育的主旋律。”父母要用爱心满足孩子对爱的渴望。注重发挥言传身教的力量，用自己良好的品行去影响孩子，从而让孩子体会爱、学会爱、学会如何去付出爱。

真爱总是隐藏在困惑与不解中，当孩子能够读出爱的真谛，他就懂得如何去爱他人、如何感恩他人了。

父母们重视自己对孩子的爱，却往往忽略怎样让孩子明白自己的爱。

一位母亲说：“现在的孩子越来越自私了，他们的眼里只有自己。为此，我常告诫女儿，你从一个小婴儿成长到现在，有父母的爱护和哺育，长辈的呵护，老师的教导，同学的友情，你每时每刻都得到别人无私的付出。记得我曾经跟女儿举过一个小例子：‘妈妈每天早上帮你梳头发，从出生到现在已经十年了，一年365天，十年就是3650次，多么庞大的数字。女儿听了，半天合不上嘴巴，一个劲儿地追问我这是真的吗？我告诉她，这样的事情还有很多很多……’孩子往往很难体会到父母无私的爱，觉得很多事情都是理所应当。通过这样一个小例子，我女儿明白了别人给予了她多大的帮助，从而学会了感谢别人。现在每当孩子得到我们的帮助时，都会主动地感谢我们，也更加乐意帮助别人。”

爱要让孩子知道，只有这样才能激发起他们的爱心，激起他们发自内心的感恩情怀。

要让孩子体会到爱，我们就要做出有爱心的行动，惟其如此，孩子才能真正明白爱心的价值，才会真正培养自己的爱心。

举个小例子来表明孩子的爱的领悟和传承。

有一天，5岁的罗杰和爸爸、妈妈还有哥哥一起到外面游玩。突然，天下起大雨来，但是他们全家只带了一块雨披。于是，爸爸将雨披递给了妈妈，妈妈又递给了哥哥，哥哥又把雨披递给了罗杰。

罗杰不解地问道“为什么爸爸把雨披给了妈妈，妈妈又给了哥哥，哥哥又给了我呢？”爸爸回答道：“因为爸爸比妈妈强大，而妈妈比哥哥强大，哥哥又比你强大呀！我们都会保护比较弱小的人。”

罗杰听了爸爸的解释后左右看了看，跑过去将雨披撑开来盖在了一朵在风雨中飘摇的娇弱小花上面……小罗杰的举动看起来很傻，但却是爱心的滋长。

总之，父母要做到严于律己，孝敬长辈，关心亲朋、邻里，对孩子坚持正面的教育。另外一点也特别重要，就是一家人要相互关心，特别是夫妻之间要相互体贴，这对于培养孩子的爱心能起到潜移默化的作用。

比如，我们在吃饭的时候都习惯给孩子夹菜，还不停地说：“多吃点儿，多吃点儿！”其实，在给孩子夹菜的同时，也应给家庭其他成员夹一下，这样，孩子才能真正感受到家人之间的爱心。长期下去，就会有助于孩子爱心的培养，孩子也会关心自己的父母，一个爱父母的孩子才有可能爱整个世界。

现代心理学告诉我们，一个人对世界、人生有怎样的认识，便会有怎样的生活方式和行为准则。如果一个人不能知恩、记恩，那么就不可能感恩。

北京四中的张驰，22 岁已经是英国剑桥大学最年轻的中国籍博士生了。他的父母认为张驰最大的成功是做人的成功，是他对父母、朋友，对北京、对祖国有一种感恩报效的爱心。张驰的妈妈杜娟英是北京实验二小的老师，她特别注意对孩子情感的培养，提醒孩子注意感受周围人对他付出的爱。

张家的邻居是一对生活清贫的老两口儿。为了省电费，他们晚上不怎么开灯，很早就睡觉了。一天晚上，张驰的父母去夜大上课，把年幼的张驰一个人留在家里。回来时，他们发现老奶奶家的灯开着。听到门响后，老奶奶才把灯关了。妈妈问儿子："张驰，你想想，你一个人在家的时候，奶奶的灯为什么亮着?"张驰说："噢，那是奶奶为我壮胆呢!"妈妈又提醒他："奶奶没有说'我可给你壮胆呢，我可是开着灯呢，我可为了你多花钱了'，对别人的爱应该是默默地奉献。"从那以后，张驰学会了体味别人对他的关爱，并尽可能地给予回报。他在初一的劳动课上学会了擦自行车，从此，每次自己过生日，他都会把父母的自行车擦一遍。

张驰的妈妈用老奶奶家的一盏灯点燃了孩子心中感恩的灯。张驰的故事告诉我们，爱的感觉也需要培养，从点点滴滴去培养，因为最感人的爱往往就像人们最需要的空气一样，无色无味，看不见，摸不着。而一旦有能力从细微之处感受到"有人爱我"，那孩子必定也会有一颗爱人的心。

培养孩子的关爱之心

关爱之心是一种善良之心、仁爱之心，一种高尚的品质，是人性的优点。有关爱之心的人注定是一个爱人类、爱社会的人。

一天早上，天色阴沉，刮着冷风。

一名年轻妇女带了个五六岁的小男孩进来，点了早餐后，她们坐下来等候。不一会儿，远处的自动门开了，一位穿着破旧大衣、长发瘦削的流浪汉微驼着背走进来。他低着头，慢慢走近一张杯盘杂乱的桌子，在椅子上坐下，捡拾客人用剩的纸盒，看看有没有剩余食物，然后他从桌上捏起一根冷薯条，放进嘴里。

小男孩扬起眉毛，低声对妈妈说："妈，那人在吃别人的东西!"妈妈也低声说："他没钱买，可是又肚子饿。"小男孩低声问："可不可以给他买个汉堡包?""我想他只肯吃别人剩下不要的。"妈妈说。

流浪汉发觉这边有人，望过来。当他与小男孩四目交投时，有些尴尬，立刻放下薯条，向小男孩挤挤眼笑了一下。他那原先冷酸的面孔忽然和蔼起来，好像换了个人似的。

这时女服务员拿了两个纸袋过来，把大纸袋交给妈妈，小纸袋交给男孩。母子俩提着食物走到门口时，小男孩忽然打开纸袋，很快地拿出热腾腾的汉堡包咬了一口，接着转身跑回他刚才坐的桌旁，把汉堡包搁在桌上，然后低下头向门外奔去。

那流浪汉显然很惊讶，看看桌上咬了一口的汉堡包，随后拿了起来，他显然已经知道了，这是小男孩特意为自己留下的。

爱心是什么？爱心，是热情开朗的性格和对人、对事、对物一贯关心的态度；爱心，就是能体察别人的心情，能站在别人的位置与角度，设身处地地为别人考虑，为别人着想，能够感受别人的欢乐、痛苦、烦恼、失望之心。正因为如此，爱因斯坦说："对于我来说，生命的意义在于设身处地替人着想，忧他人之忧，乐他人之乐。"

孩子就像一片肥沃的土地，你播种什么，就会生长什么。如果不给孩子播下爱心的种子，孩子肯定不会有爱心的生长。所以，作为父母，我们要让孩子的内心世界充满爱，只有这样，才能培养孩子的爱心，才能让孩子懂得感恩。

有人说，一个根本不知道关心别人的人必定会萌生出阴暗的心理，冷酷无情的躯壳内必定包裹着一颗残缺的心灵。

因此，培养孩子的爱心一定要趁早，要从小就在孩子的心灵中撒下爱的种子，让他具有爱人之心。有专家研究指出，人的品德形成都有一个年龄阶段，越小的孩子越好教育。俗话说："一岁看大，七岁看老。"所以，一定要在孩子小的时候就让他学会情感的投入和移位，热爱家庭和周围的人，热爱祖国，热爱家乡，热爱科学，热爱劳动，热爱一切美好的人、事、物。

著名教育家苏霍姆林斯基说过："爱的教育应是整个教育的主旋律。"在日常生活中，我们应有意识地让孩子了解父母、爷爷、奶奶以及其他家庭成员对孩子的爱及具体表现，并让孩子尝试用同样的爱心、感情和行为去对待爱他的人。比如说孩子过生日时，我们送给他生日蛋糕，这时，要告诉孩子我们的生日，还要告诉孩子："你也要记得爸爸妈妈的生日哦，要记得给爸爸妈妈一份生日礼物啊!"到我们过生日时，可提醒孩子，并鼓励孩子为我们做一件礼物，比如手工制作，一幅图画等。这样既能让孩子体会到自己动手的快乐，也会让孩子明白给予父母一份爱心是件更快乐的事情，自然而然地培养孩子的爱心。但有一点要注意，就是要让孩子主动地从内心深处明白应该对别人有爱心。

有个医生到英国南部一所小学去拜访老同学。刚走进校园，她就看见一个拄着拐杖的男孩，一瘸一拐地从面前走过。不一会儿，又见一个眼睛上缠着纱布的女孩被一个比她小三四岁的男孩搀扶着，小心谨慎地走进教室。

医生带着一脸的惊讶，问老同学：“你们这里怎么有这么多残疾儿童?”老同学笑着解释：“这是我们学校的爱心增长课。为了使这些幼稚的心灵真正能够理解和同情别人的疾苦与不幸，我们要求所有学生在一个学期当中，每个人都要过一个盲日、一个病日、一个聋日、一个残疾日和一个哑日。例如在盲日这天，他们的眼睛就要被包起来，什么都不能看。然后我们再分派别的孩子去帮助他们。这就会使盲者和帮助他们的人都从中受到教益。”

于是医生来到一个蒙着眼睛的小女孩面前，亲切地问：“你看不见东西，不觉得难受吗?”

“不，开始的时候，是有些难受，但想想那些终生都看不见东西的人，自己就觉得太幸运了。”接着，小女孩又兴致勃勃地说：“自从过了盲日、病日、哑日和残疾日之后，我的爱心增长了10倍。因为给需要帮助者献上爱心，也是一件非常快乐的事情。”

父母还可以让孩子参加学校组织的志愿者活动，通过一些途径帮助孩子找到奉献爱心的机会。比如，帮助邻居打扫卫生，给老年人阅读书报，给小孩当家庭教师，给生病的小孩做玩具，利用假期到敬老院帮助老人，或者带着比自己更小的孩子玩等。当然，还有一种获得这种亲身经历的方法，就是参加一个当地或在全国或世界范围内组织的助人为乐活动，没有比这种亲身经历更能促使孩子产生爱心的了。一个中学生在参加了儿童安居工程建设之后说，她真的学会了在购物甚至在买口香糖之前先问问自己“我真需要这个吗?”

不过，父母们要记住：选择对你和孩子有意义的事，不要丧失兴趣，尽量与孩子一起参加。

总之，要想让孩子关心爱护他人，亲身经历是必不可少的，光靠说教是绝对不够的。

培养孩子的仁爱心

仁爱之心是一种善良之心，它由仁爱做基础，通过换位思考而引发。

最早的火车只能在机车里装上制动器，车厢里是没有的。要刹车的时候，火车司机必须用手去扳动制动手轮，不方便而且刹车效果也很差。一次，一个穷苦的年轻工程师目睹了一起可怕的火车车祸，很多人丧命——那是因为制动器力量不够，不能迅速停车的缘故。

一天，失去职业的年轻工程师一人愁闷地走在求职的路上，现在他很需要钱来做一些事，可他现在的生活都成了问题，正走着，一个衣衫褴褛的女孩儿走到他面前，请他买一份《生活世纪》报纸。他告诉她没有钱买，她就转身走去。但他看到女孩儿悲哀的表情后，又把她叫了回来，他仔细搜索了自己的口袋之后，找到了一枚可以购买一份报纸的硬币。

也许年轻人从来都没有想到过要从那张报纸上获得些什么；也许他从来都没有指望过靠他同情与怜悯的一枚硬币来改变自己的命运，然而这枚硬币不但改变了他的命运，也改变了许多人的命运。

那份报纸描述了当时工程师们在蒙塞尼山下开凿一条隧道的情况。他发现工人们在开凿隧道时用的是超大功率的凿岩机，而这些凿岩机是由压缩空气驱动的。职业的敏感让他怀着极大的兴趣读完了这条消息。他想知道是否可以利用压缩空气来驱动制动器，如果压缩空气的力如此大——足以在隧道里推动凿岩机，那么也许能使沉重的列车停车而避免事故发生。事实证明他的想法是正确的。经过多次的反复实验与尝试，一种新式制动器诞生了。从那时以来，他的发明在世界各地的铁道上挽救了千千万万人的生命。而他就是法国压缩空气制动器的发明人乔治·威斯汀豪斯。后来，当有人问及威斯汀豪斯是怎样产生用压缩空气来驱动制动器的想法时，他只说了一句话："我的成功要归功于仁爱和善良。"

自己的命运掌握在自己的手中，而把握命运需要有美好的心灵。一枚硬币看似平常，然而它代表的却是威斯汀豪斯先生的善心与人格。生活中，人们总是处于追求之中，然而要想有所获得，无论是大的目标还是小的利益，都需要你有一颗善心和完善的人格。只有这样，你才会收获一份意外的惊喜与回报。

有人说，善良的人不一定懂得感恩，但感恩的人一定会有一颗善良之心。善良仁义的品质对孩子身心发展起着重要作用。然而，一些父母认为，面对今天越来越复杂的社会，培养孩子善良仁义品质就意味着让孩子有什么说什么，对人对事开诚布公，有意见当面提，严于律己，宽以待人，但这样做的结果势必使孩子得罪人、吃亏。

这些父母这种说法固然有一定的现实意义，但是，需要提醒的是：一个人，特别是幼年阶段，其成长的主要养料就是真善美。如果在这一阶段他们得不到这种教育，必定会造成心灵的缺失。现在好多独生子女都存在着这样一些不容忽视的问题：有的在诱惑面前显示出自私自利；有的在别人需要帮助时表现得麻木不仁；有的在对待社会弱势群体时不是同情关爱，而是视而不见，甚至嬉笑取乐；有的在同伴交往中遇到矛盾时不是理解宽容，而是恶语攻击，甚至大打出手……他们这些错误行为正反映了他们认知上的缺陷，麻木暴戾的行为背后是一颗温和、善良心灵的流失……而这种缺失必定会影响孩子的一生。

善良能够给孩子带去终生的幸福（我们所强调的是“终生的幸福”，而非眼前利益）。作为父母，绝不能放弃对孩子进行感恩教育，那是你能给予孩子一生的最宝贵的财富。如果你被一时利益蒙蔽了双眼，必会毁了孩子的一生。

孩子是明天的主人，他们将踏入社会，与社会上纷纷杂杂的人发生纷纷杂杂的关系，代替我们推动时代的车轮前进，建构我们整个社会的脊梁！他们是社会的每一个细胞，所以，教给我们的孩子善良吧！

教育的最终目的不是传授知识，而是牵引孩子的灵魂。善良犹如肥沃的土壤，容易长出智慧的庄稼。身为父母，给予孩子最好的教育便是善良的教育，是爱的教育。

苏联教育家苏姆林霍斯基说过："善良的情感是良好行为的肥沃土壤。"幼儿期，是情感发展的关键期，作为父母应重视孩子的早期培养，做到先入为主，为孩子打下一个良好的品德基础。如果忽视情感方面的熏陶，孩子们可能会对人对事漠不关心，随心所欲，惟我独尊，习惯于别人为他服务，而不懂得应为别人尽点义务。

父母要以身作则，做善良仁义的表率。常言道"身教重于言教"，父母的行动对孩子来说是无声的语言，有形的榜样。教育孩子诚实，家长应该首先做到忠诚老实。但在现实生活中，有许多家长都没能够表现出善良仁义品质，如有的家长明明看见自己的孩子先动手打了邻居的孩子，反而说邻居的孩子先动的手。这样的家长实际上是在不知不觉中引导孩子做错事。

俗话说："己不正，何以正人?"父母要从自己做起，加强自身的道德修养，做一个正直的人：对同事、亲友不说谎、不做假；在孩子面前信守诺言，不为了达到某个短期效果而欺骗孩子；要敢于在孩子面前作自我批评；不袒护、包庇自己的孩子；不在孩子面前说别人的坏话等。父母要让自己的一言一行都成为孩子学习的榜样。

培养孩子的同情心

同情心是最高的人性，同情心可衍发仁爱、善良、感恩等情怀。

有一个孩子三岁大时就患上了残疾，后来走路时需要用两支拐杖支撑身体。他每天上学的时候，都会受到一些孩子的嘲笑、欺负，于是，他渐渐变得冷漠、孤独。

一天，这个孩子的父亲捡回一只流浪狗。小狗趴在孩子的脚边，瑟瑟地发抖。但孩子并不喜欢那只脏兮兮的小狗，他用拐杖把小狗赶了出去。小狗没有地方可去，就趴在门外不肯离去。

父亲听到小狗的叫声，就知道发生了什么事。于是，他来到孩子的房里，与他交谈起来。当他听说孩子经常在学校被人欺负得哭的时候，便问他："那些孩子为什么要欺负你呢？"

孩子说："因为我的腿有残疾，我打不过他们，所以他们才敢欺负我。"

父亲说："他们很强，而你却很弱，所以他们才会欺负你。可是现在，你很强，小狗却很弱，你为什么不同情它反而还欺负它呢？"

孩子听了父亲的话，低下了头，眼里含着泪水。过了一会儿，父亲看见孩子把小狗抱回来，把它放在火炉旁边，孩子亲昵地抚摸着小狗，小狗用舌头舔着孩子的小手。

后来这个孩子成了一位著名的医生，受到了人们的尊敬和爱戴。

当他晚年的时候，他对他的孩子讲述了这个故事。他说，就是那只小狗让他看到了爱的力量，是他的父亲使他学会了人一生中最可宝贵的本能——人类同情心。

现今许多父母对孩子百般呵护，舍得花大本钱进行智力投资，可惟独忘记对孩子同情心的培养，似乎孩子除了学习外，别的什么都不需要。渐渐地孩子不知道什么是爱，也感受不到爱，更不知道怎样表达爱。他们不仅不爱社会，不懂生活，同样也不爱父母，不懂感恩父母。从来没有去考虑和体谅他人的需要，不知道为他人做些什么更不要说帮助他人、欣赏他人、感恩他人。殊不知，我们的孩子经常面对的是一个令人不安的世界，这个世界可能充斥着暴力、毒品、残忍或不公正……这些都有可能让我们的孩子缺乏爱心而变得冷酷无情。

幼儿作为一个生命个体存在于世界，开始与周围的世界建立关系。幼儿是弱小的，惧怕强暴与伤害，需要人们的关心与保护，成为令人怜爱同情的个体。幼儿自身的弱小使他们对弱小有深切的理解和体会，也就是成年人所说的将心比心。幼儿不仅会同情他们所喜爱的有生命的人和小动物，还会同情小花小草、小玩具，他们以为这些小东西也知疼知暖，甚至有灵魂，于是就和这些弱小者站在同一立场。幼儿的心灵十分敏感，同情的对象也十分广泛。

如果在幼儿时期错过了同情心的培养，孩子长大了，变得强壮了，再想培养他们的同情心就为时已晚，因为他们已经不再是弱小者了。对于十八九岁的青少年来说，他们渴望长大，崇尚力量，渴望自己的力量被社会承认，一时冲动的暴力事件常常是十八九岁的男孩所为。

如果孩子在幼儿时期的同情心得到培养，到十八九岁的时候，就会努力用自己的力量保护弱小者，并且在未来的人生中时刻准备关怀弱者。这样的孩子才是真正的强者。

一天，妈妈带娇娇在外边玩，一个比娇娇还小的妹妹跌倒了，大哭起来。妈妈鼓励娇娇去扶起小妹妹。娇娇帮小妹妹擦眼泪，嘴里还不停地说“别哭了，别哭了，我来和你一起玩”，并把自己手里抱着的一个布娃娃给小妹妹玩。

娇娇的这种表现就是具有同情心的表现，这与娇娇母亲的培养是分不开的。在娇娇能理解语言，并能用语言进行表达时，妈妈就给她讲故事，告诉她痛苦者的感受。当爸爸生病时，妈妈让娇娇帮助拿药、递毛巾，摸摸爸爸是否发烧等，以此来培养娇娇的同情心。娇娇妈妈的做法我们应该学习。两岁多的孩子看见别人痛苦时，会诚恳地去轻拍或抚摸别人，以表示同情。他会根据自己的想法去安慰别人，如他认为玩具可以解除痛苦，于是便把心爱的玩具送给悲痛者。当他听到故事中小白兔被老狼吃了时，会为白兔而哭。所以父母有责任抓住这一时机，培养孩子的同情心。

在日常生活当中，父母应适时引导孩子同情、关心小朋友。

当自己的孩子看到邻居的小孩不当心碰痛了，便哈哈大笑，此时父母不要责怪孩子“幸灾乐祸”。孩子是被邻居小孩突如其来的表情动作惹笑的。遇到这种情况，父母应当赶紧说："哎哟，某某小朋友碰痛了，真可怜啊！上回你不当心撞在桌角上不是也很痛吗?"孩子联想到自己的痛苦经历就会止住笑了。父母还可以建议孩子去关心那个碰痛的小朋友，问问他还痛不痛。如果邻居小孩跌倒了，可以和孩子一起去把他扶起来。经过几次类似的行动之后，孩子一般对小朋友的痛苦就会比较同情、关心了。

对于孩子表现出有同情心的举动，父母千万不能不加分析便胡乱指责。如孩子在看电视时，看见以强凌弱、坏人欺负好人，心里就难过，甚至流泪，有些父母每每这个时候就骂孩子："哭什么？没出息!"久而久之，孩子就会认为同情是一种没出息的行为，这样的孩子往往会变得自私、冷漠、麻木，也就谈不上感恩了。

作为父母，一定要保护孩子的同情心，不要用冷言冷语去打击孩子的同情心，也不要笑话他，哪怕是善意的。

此外，家长可以通过教育孩子爱护动植物来培养其同情心。教育专家也认为，让孩子从小爱护动物是培养孩子同情心的好办法。

在生活中，当发现孩子残忍地对待小动物时，要及时给予制止和解释。平时也可把孩子带到动物园、自然博物馆或水上世界去参观，或让孩子自己饲养小动物，让孩子懂得动物是人类的朋友，这样就可以有效地减少孩子对小动物的残忍行为。

一次，奇奇用网捕了好多蜻蜓。妈妈见了，耐心地劝道："蜻蜓宝宝想家了，放它们回家吧，做个保护益虫的小卫士多好啊!"奇奇马上拒绝："才不呢！好不容易捉到的，怎么能放掉呢?"过了一会儿，妈妈又说："天黑了，要下雨啦，蜻蜓妈妈担心在河边玩耍的小蜻蜓，眼睛都哭肿了。我要是你呀，一定放它们回去。"奇奇迟疑了一下，还是有些舍不得。又过了一会儿，妈妈说："你出去玩儿，要记住早早回家。如果太晚回家，路上碰上坏人把你抓住，关起来，就像这些蜻蜓一样，多可怜啊。妈妈在家也会非常着急。"听了妈妈的这番话，奇奇最终放走了全部的蜻蜓。

奇奇的妈妈就这样一步步地诱导，最后说服了孩子爱护昆虫，同时，也在潜移默化地培养孩子富有同情心。

年幼的孩子认为小猫、小狗、小花小草和自己一样，是有小生命、小灵魂的，也是知冷知热、通人情的，因此，他们往往对小动物、小生物表示关切，很喜欢，甚至把它们当人一样和它们嘀嘀咕咕地说话。家长不必去向孩子解释这些动物与人不同，相反，应该肯定，支持孩子对这些小生命的关心和爱护，并借此告诫孩子不要去攀摘花草，欺负小动物。孩子们对动植物的这种仁爱之心，会有助于他们同情心的形成。

总之，同情心是爱的萌芽，是人类一种很珍贵的感情，它表现在对别人的痛苦表示关心和安慰。自然流露的同情心，不仅是人类美好情感的花蕾，而且是和谐社会的温泉，由同情心养成之水，可能会较顺畅地流向学会感恩之渠。所以，父母要重视孩子同情心的培养。

培养孩子乐于助人的情结

乐于助人，是高素质人才身上所表现出的一种情操，也是一种非常好的美德，非常重要的品质要素。培养孩子从小乐于帮助他人的美德，对孩子来说是提升整体素质和形成健全人格必不可少的。让孩子乐于助人，就是教育孩子善于理解他人的处境、他人的情感和需要，随时准备从心理上去支持别人，从行动上去关心、帮助别人。

要培养乐于助人的孩子，父母要做好榜样。如果你平时表现得大度、体贴、喜欢帮助别人，孩子也会从你们身上学会乐于助人。如果父母言行不一，口是心非，即使父母把助人为乐的道理讲得头头是道，也无法达到教育孩子的目的。

一句“需要帮忙吗?”会使孩子大受欢迎，从而赢得朋友，快乐而充实地生活。孩子帮助了别人，也意味着帮助了自己，“送人玫瑰，手有余香”，乐于助人是善举，是美德，父母很有必要培养孩子养成乐于助人的习惯。

阳阳今年8岁了，虽然天真活泼，但由于从小受到父母的宠爱，只知道接受别人的帮助，却不懂得帮助别人。父母开始担心孩子会因为不懂得帮助别人，而影响人际交往，所以他们开始培养阳阳乐于助人的习惯。

有一次，妈妈带着阳阳过马路。这时，迎面走过来一个步履蹒跚的老奶奶。这时妈妈蹲下身对阳阳说：“阳阳，你看那个奶奶走路不太稳，过马路很危险。乖，你去扶那个奶奶过马路，好吗？”虽然阳阳犹豫了一下，但还是过去了。

他小心翼翼地挽着那位老奶奶的手，用可爱的嗓音对老奶奶说：“奶奶，我扶您过马路吧！”老奶奶慈祥的验上露出了微笑。望着这一老一小，互相搀扶着，真像一对祖孙，妈妈在后面看了觉得很欣慰，孩子还是会帮助人的，只是以前疏于提醒孩子了。

那天回到家以后，阳阳觉得很高兴，他说：“妈妈，我觉得帮助别人是快乐的，我以后一定会经常帮助老奶奶的。”妈妈温和地对阳阳说：“孩子，不仅老奶奶需要帮助，其实很多人都需要你的帮助，以后一定要主动帮助别人。”

阳阳懂事地点点头，开心地笑了。

让孩子养成助人为乐的习惯，需要父母耐心教导。尽量用循循善诱的方法引导孩子主动帮助别人，才能让孩子体验助人时的幸福感觉，使孩子把帮助他人当作一件快乐的事情保持下去。

要使孩子养成乐于助人的好思想、好习惯，我们必须注意自己的一言一行。在公共汽车上见了“老弱病残”要主动让座，当他人有困难的时候，要热情地给予帮助，这样才能使孩子耳濡目染，逐渐养成乐于助人的良好习惯。除了以身作则，针对孩子没有帮助别人的意识和习惯，我们还可以采用下面的方法，对孩子进行培养。

想要孩子养成乐于助人的习惯，首先要培养孩子的同情心。一个孩子只有具有同情心，才能发现别人的困难和痛苦，才能伸出援助之手。

杨女士平时经常教导女儿要关心他人，要帮助他人……但是她发现这样的话一直在说，但对女儿起不到作用。刚开始还新鲜，去帮爷爷捶腿，帮爸爸扔垃圾，可后来，虽然杨女士还是一直这么教育她，但女儿已经充耳不闻了，对别人的事更是漠不关心。

她一直在想这是怎么回事，后来明白了，之所以女儿没有帮助别人的动力，是因为她同情心淡薄，对周围的人和事没有强烈的感受力。

于是，杨女士改变了直接说教的方式，她开始利用生活中的事例，从侧面教育女儿，培养女儿乐于助人的习惯。有一次，杨女士和女儿遇到一位盲人在拉二胡乞讨，她趁机就问女儿："你看他多可怜呀！大家都在帮助他，你是不是也应该帮帮他呀?"经妈妈这么一提醒，女儿才停下脚步认真看那个拉二胡的盲人，最后从口袋里拿出 1 元钱放到了盲人面前的碗里。

还有一次，杨女士陪女儿看电视，忽然看到一匹斑马被狮子扑倒在地了，杨女士马上说："多可怜的小斑马呀。"就这样，杨女士经常在女儿面前表现出对弱者的同情，让她懂得主动伸手帮助别人。

同情心是一种宝贵的情感，孩子有了同情心，才能站在别人的立场体会别人的艰难和痛苦，才会感觉到自己的帮助对别人来说是多么重要。有了这个心理基础，孩子才能养成乐于助人的好习惯。

竭尽全力去帮助别人，会使人变得慷慨；关心别人的痛苦和不幸，会使人变得高尚。为了让孩子成为一个品德高尚的人，我们不仅要让孩子学到尽可能多的知识，更应该让孩子成为一个乐于助人的人。

二　为孩子的情绪解套

——远离坏情绪，是对孩子心灵的最好养护

生活中，在许多时候，出现在孩子身上的认识错误和行为错误，都产生在孩子的情绪化当中，孩子的坏情绪不仅会影响孩子的成长，也会给父母带来困扰。因此，做父母的应时刻注意关注孩子的情绪问题。有了情绪就要帮助孩子进行疏导，并且在帮助孩子疏导情绪的时候，要注意讲究策略，而不至影响孩子的好心情。

要让孩子保持适宜的情绪状态

通常地讲：道德感的体会，会促使孩子建立义务感，而道德感和义务感的综合作用，可以使孩子把社会的需要转化成个人的需要，成为孩子智力发展的动力，从而促使孩子认真学习。再如，理智感的形成，可以促使孩子形成遇事沉着冷静、学习自觉刻苦、待人热情友好的个性。

可见，情绪和情感与孩子的成长和学习息息相关，不可等闲视之。父母在向孩子进行情商培养时应该帮助孩子调节和控制消极情绪，稳定良好情绪。

在清代，虎门销烟的大臣林则徐就曾将写有“制怒”二字的条幅挂在墙上来控制自己的情绪。许多中学生用科学家、文学家的警句来控制自己的情绪。他们用爱迪生的名言“天才是1%的灵感，加99%的汗水”来控制自己学习上焦虑不安的情绪。这种方法对自觉性高、自我意识强的孩子是有效的。

对于年龄小的孩子，有两种办法：一种是讲讲过去因不良情绪带来的不良后果；另一种是将孩子带离引起不良情绪的客观环境，创造一个新的愉快环境。比如，由于妈妈嫌孩子捏的那些泥娃娃弄脏了家具把泥娃娃都扔进了垃圾箱时，孩子气得一跳老高，愤怒至极。这时，爸爸要是把孩子带到室外同小朋友们去做游戏，孩子就会较快恢复愉快的情绪。

如果孩子的自我意识不强，上面的办法一时难以奏效。这时可以采取诱发新的愉快情绪来转变孩子消极情绪的办法，达到保持适宜情绪状态的目的。

那么，有什么办法可以诱发孩子产生新的愉快情绪呢？

其实办法很简单，在孩子产生不愉快情绪时，可以寻找孩子需要的人或事，帮助孩子摆脱不愉快的情绪。

例如，孩子考试之后，神情沮丧，情绪低落，很显然是没有考好。这时孩子很难过，而且第一件担心的事是家长如何对待自己，他这时最需要的是鼓励和帮助。家长应当和蔼、平静地和孩子说话，仔细地寻找没考好的原因；或者带孩子去打羽毛球，或者去看电视，或者像没事一样和孩子一起做孩子喜欢的事，总之，设法转移他的注意力，这样孩子的情绪就会慢慢好转起来。然后，再找机会和他交谈有关考试的问题不失为明智之举。

帮助孩子总结和摆脱不良情绪

多数情况下孩子不适宜情绪的产生，往往是由于缺乏一定的抑制情绪的经验引起的。例如，参加比赛时的惊慌，参加考试时的怯场，大都是临场经验不足而出现的。

在运动心理学中，有人提出了提高运动员参赛情绪稳定性的办法：让新运动员先在不太紧张的环境中比赛，过渡到较为紧张的比赛环境，再过渡到更高一级紧张的比赛环境，直到运动员能控制自己的紧张情绪。

在家庭教育中也可以仿效这种办法。

平时，在做练习时就可以考虑限时完成，即在规定的时间里完成，因为考试总是限时完成的。限时完成就有考试的气氛。可以组织邻居的两三个孩子一起做作业，也是限时完成。这时限时可以比前次要求紧一点。然后还可以搞模拟考试，有“考卷”，有“监考老师”，限定时间完成，通过讲话可把考试气氛搞浓一点。这样经过训练，孩子对考试的紧张情绪就会大大减小。

此外，孩子的道德感、理智感和美感也是在多次的情感活动中逐步积累情绪经验而形成和丰富起来的。而家长根据孩子的需要，经常为孩子设计和创造表达健康情绪或良好情感的机会，则有利于丰富孩子确立抑制情绪的经验。

在生活或学习中，有许多问题，倘若只从一个角度去看，可能会引起不安，造成苦闷和烦恼。尤其是孩子，社会经验少，认识问题简单，更容易出现这种现象。这时，如果从另外一个角度去看，就可能会发现问题的积极意义，使消极的情绪转化为积极情绪。

对于不会多角度认识问题的孩子，他们在面对消极情绪时，往往会产生不适当的心理防卫，使消极情绪的范围扩大或程度恶化。例如：孩子本来只对某一门课某一部分的困难内容产生了焦虑情绪，后来却扩散到对整门课程的焦虑，甚至失去学好这门课的信心。再如：孩子对爸爸的某一次不适当批评的不满情绪，会扩大到对爸爸所有的话都不满，甚至会扩散到对妈妈、奶奶等其他家庭成员的不满。有时，孩子为了逃避引起不良情绪的刺激条件，而使用说谎、逃学的手段。如为了逃避爸爸每次看到分数不高就发火的刺激，就会谎说自己考得好，而把考卷藏起来，甚至模仿家长笔迹在试卷上签字。为了逃避教师在课堂上的严厉批评就会逃学旷课。这些都是因为不能多角度认识问题，而采取了不适当的心理防卫手段对待问题所造成的消极情绪状态。

尊重孩子必要的情绪渲泄

有些时候，当孩子因意外情况所产生的某些情绪不能自持时，就要允许他们自由的渲泄，这样做对缓解情绪，到最后平抑情绪是十分必要的。比如，有这样一个例子：

8岁的明明星期日下午拿着心爱的玩具小汽车在小区里玩，对面楼上比他大两岁的小虎和他一起玩。由于小虎不大会操作，没控制好，那辆小玩具汽车窜到小区的车道上去了，被迎面飞驰而来的一辆黑色小轿车碾了个稀巴烂。小虎见势不妙，急忙逃跑了。

这辆遥控小汽车是明明远在马来西亚的爷爷送给他的生日礼物，是他最珍贵的"家当"之一。他强忍着悲痛，踉踉跄跄地跑回到家，向爸爸妈妈诉说了痛失爱车的过程，咬牙切齿地说："我一定要去找小虎让他赔我……"还没说完，就大哭起来。而且哭得没完没了，声嘶力竭，泪水沿着他的面颊止不住地往下流，直哭得连晚饭也没吃。

妈妈想去劝劝他，但爸爸小声地对她说；"让他哭吧，痛痛快快哭一场也许对他有好处。"

明明一直伤心到夜里，没吃晚饭，就睡着了。奇怪的是，第二天早晨起床，他就"阴雨转晴"了，情绪看上去很愉悦，而且此后再也没有提起玩具小汽车的事。妈妈还看到第二天放学后，他又和小虎在一起快乐地玩耍，好像什么事都没有发生过一样。

明明昨天的痛苦、伤心、愤怒等诸多的不良情绪为什么会一扫而空呢？原来是他痛痛快快的大哭起到的奇效。

孩子动不动就嚎啕大哭，常常让大人们觉得很烦。但大哭却是孩子释放体内积聚的不良情绪的能量、调节机体和情绪平衡的一种非常有效的方式。孩子情不自禁地在父母面前的痛哭，是一次纯真的感情的爆发，如同盛夏里的暴风雨一样，越是倾盆而下，天就越晴得快。许多家长会发现，孩子在痛痛快快地哭一场之后，痛苦、伤心、愤怒等情绪就减少许多。

为什么会这样呢？科学家经过研究发现，其奥妙尽在涟涟泪水中！

美国生物学博士福雷曾雇佣了一批自愿受试者，组织他们观看令人悲痛欲绝的戏剧或电影，并嘱咐他们在痛哭时把事先发放的一种特制的试管放在眼睛下面，把眼泪收集起来。

福雷博士经过反复研究发现，一个正常的人在哭泣的时候，流出的眼泪有0.1毫升~0.2毫升；一场号啕大哭，眼泪有1~2毫升左右。

在大哭过后，心动过速、血压偏高均有不同程度的减轻。福雷博士进一步通过化学分析得知：在这些渐渐流出的眼泪中，含有一些生物化学物质，正是这些生化物质，引起了情绪不良者的血压升高、消化不良和心率加剧。如果孩子通过痛痛快快的大哭将这些物质排出体外，对缓解情绪和身体大有好处。

家长应该明白，孩子的心理如同天气一样会有阴晴风雨，各种客观的和主观原因都可能导致孩子产生不良的情绪，如愤怒、痛苦、怨恨、悲伤、绝望等。不良情绪如果得不到正常的有效的排遣，就会危害孩子的身体。这是因为强烈的不良情绪会刺激体内器官，如心脏、大脑、肠、胃、血管、汗腺、肌肉等，产生出能量。强烈的情绪突发时，如在突然震惊或极度愤怒时，机体往往能发挥出超乎寻常的力量。这时，人的机体处在高度兴奋的“应激状态”，交感神经受到刺激，也兴奋起来，消化活动被抑制，糖从肝脏中释放出来，肾上腺素分泌增多等。这个时候，体内激增的能量如不能得到及时的发泄，便会危害身体，使情绪更进一步地恶化。所以，不良情绪的发泄，在很大程度上也就是这种能量的发泄。

经常看到有的孩子暴怒时会雷霆般地发作，一蹦三尺高，真是“暴跳如雷”，这其实是他们为了使突然激发出来的能量得以发泄的缘故。但是，孩子要发泄怒气，并不一定非要采取大发脾气、大闹一通这样的不良途径。孩子完全有其他正常的、伤害性更小的渠道可选择，比如痛痛快快地大哭一场就是最佳的途径之一。

但是有很多父母见儿子遇到不顺心的事大哭，就斥责他“不像男子汉”；见女儿情绪不佳时痛哭，就讥讽她“娇气”。殊不知这是不懂得心理规律的做法，这是在堵塞孩子排遣不良情绪的能量的合理渠道。如果你不能保证孩子一生不受不良情绪的侵袭，如果你想让孩子心身健康地成长，那么，在必要的时候，就让孩子自己做主，用自己喜欢的方式尽情地、痛痛快快地渲泄吧！即使是嚎淘大哭，你也不宜去干涉和制止。

当然，除了尽情地大哭之外，有效排解不良情绪、释放由不良情绪激发的机体能量的方式还有很多，如孩子可以到旷野或高山之巅去竭力呐喊，可以进行一些剧烈的运动等。

帮助孩子走出抑郁的困扰

关于被抑郁所困扰的苦闷，有一位名人就曾说过：“抑郁的人看不到天上的阳光，它是扼杀心灵最残酷的毒药，年少的孩子不应该去承受这种沉重的精神负担。”

在生活中，造成孩子抑郁的原因有很多，每个做父母的都应引起足够的重视，特别是对于已经有了抑郁倾向的孩子，一定要想办法走出抑郁的困扰。

小强虽然是一个小男孩，但却特别不爱说话，平时没事就一个人待在家里玩，妈妈让他出去和别的小朋友一起玩也说不动他。这是因为小强是在单亲家庭长大的，他一直有一个心绪。别的孩子都能够和爸爸一起去跑步、打球，而他只能够自己一个人在公园里玩，在稍微大一点后，他对这个问题就比较敏感了，渐渐地就有一些抑郁了。

小强的妈妈平时比较忙，看到孩子这样心里也很难过，但又无能为力，这事闹的她也近乎抑郁。

其实，孩子本身并不能够很容易地就解决掉自己碰到的问题度过困惑时期，也不能够像大人一样能从中吸取经验，所以容易使这些不良的情绪在心中越积越多，最终走向抑郁。孩子受到心理创伤而走入抑郁的原因是多种多样的，暴力、自然灾害、家庭成员的去世、身体的病变，都可以让孩子受到创伤而陷入抑郁。

当孩子出现了明显的焦虑不安和恐惧、开始离群索居、对人表现出明显的不信任、经常抱怨自己的身体不舒服、对学校和学习生活没有兴趣的时候，父母就要对孩子的行为引起注意了，这些现象都可能是孩子出现抑郁的前兆。孩子一旦出现抑郁的苗头，父母应给予及时的疏导，或者找专业心理医生让孩子把心结说出来，以便给予解决，不要让孩子的状况出现恶化而走入抑郁。

现在抑郁已经成为继自卑之后影响孩子心理健康的第二大杀手。随着社会竞争压力的增加，现在的孩子在生活中会碰到更多的问题和挫折，孩子面临的心理危机也在增长。而经历失败是孩子生活中不可避免的事情。因此父母要教导孩子，如何正确地去面对这些问题，能够尽快地从这些不良情绪中走出来。学会释放自己的压力，不要让过多的压力积聚在自己的心中，最后导致精神状态消极影响身心健康。

目前，抑郁已经属于一种比较严重的儿童心理疾病。患儿会精神疲倦，对任何事情都提不起兴趣，在人际关系上也表现得非常被动，觉得自己的人生无意义，严重的还会走上自杀的道路。孩子患了抑郁症会出现失眠，食欲下降等情况，无法集中自己的注意力。父母如发现孩子出现类似的情况时应该引起重视，及时带孩子就医。

现代医学证实，心理发育不良是孩子患上抑郁的基础，高期望值的压力是患病的条件，心理发育不良是指孩子对事情过于痴迷，过于追求完美，太过嫉妒，对人过于依赖等，都可能成为孩子患上抑郁的原因。

但是对于患有抑郁倾向的孩子，家长大可不必担心，只要自己把握好情绪，让孩子走出抑郁的方法还是很多的。比如，可采取如下方法：

1. 帮助孩子找出陷入抑郁的原因

孩子出现抑郁都是有原因的，可能是孩子还太小，一时还不能接受，而且患病的原因一般多为外因，这些外因在孩子的心中造成了严重的阴影。父母在找到原因之后，就要对孩子进行相应开导，让孩子学会坚强。

对于一些自己也无法改变的事情父母要学会接受，千万不要在孩子出现症状之后对孩子进行训斥，这样根本改变不了孩子的现状。

2. 给孩子创造更多与他人的交流机会

孩子在出现抑郁的症状之后，父母要注意多让孩子与他人交流。有意识地让孩子多去接触一些同龄的孩子，鼓励孩子积极地与人交流，渐渐唤醒孩子失落的自信。在平时的家庭生活中，多给孩子一些关爱，让孩子感受到来自家庭和父母的关怀与温暖。一些家庭事务也要让孩子参与进来，让孩子多一些交流的机会。

王飞刚上小学三年级，最近总是跟妈妈说自己头疼，也不爱吃饭，这些症状都是在他听到父母要离婚的消息之后才出现的。平时父母也只是吵吵闹闹的，现在要离婚了，不管是跟爸爸还是跟妈妈，他心里都觉得很难过。

妈妈知道了这种情况之后对孩子更加关心，什么事情都要问一问孩子的想法，尽量地想让孩子能够解开心结，让孩子明白这不是他的错，是父母之间的问题，经过一番解说，王飞的心情有了一些好转。

父母对于抑郁的孩子，除了多给他们关爱之外也要注意多与孩子交流，在增强交流的过程中让孩子能够把不良的情绪排解出去。

3. 对症下药，为孩子解决难点

患上抑郁的孩子最在乎的是有没有人能够陪他们玩，真正地去感受和体味他们的痛苦和无奈。父母在这个时候要多陪孩子玩，努力让孩子觉得生活中还是有很多人在关心他们、爱着他们。

有一段时间，小男孩乐乐的情绪比较低落，因为他养的一条小狗病死了，妈妈也不知道该怎么安慰他才好，因为不能提小狗，只要一说到狗他的心里就难受。而乐乐的爸爸对妈妈说，乐乐不高兴的原因不就是因为小狗死了吗？我们再为他买一只，问题不就解决了吗？于是，在一个星期天，爸爸妈妈带着乐乐去了宠物交易市场，为乐乐挑选了一只小花狗。从此，乐乐又快乐了起来。

4. 注意别为孩子的心理增加压力

孩子有问题，父母的责任最重大。如果孩子在心理上有了问题，父母要先从自己身上来找原因。很多时候，孩子的不开心和抑郁也与压力太大有关系，这个时候父母就要来帮孩子减压。

对于一些过于追求完美的孩子，父母要让孩子不要对完美太过执著，让他们知道，有时候缺陷也是一种美。如果孩子对某些事情过于痴迷，而对其他的事情都没有兴趣，父母也要引导孩子去发现生活的其他地方也有美丽的事情存在着。

5. 给孩子以必要的关爱和尊重

父母要注意关爱自己的孩子。虽然父母内心深处对孩子都是非常疼爱的但却把这种爱深埋在心里，不懂表达。而平时对孩子又过于严厉，这样是不能够让孩子真正感受到父母的关爱的，反而会让他觉得自己是个不招人喜欢、让父母讨厌的孩子。

对于孩子的一些兴趣和爱好也要给予尊重，不随便打击孩子的爱好和兴趣。只有在父母温暖的关爱下成长的孩子才不会觉得孤寂，不会因不被人重视和理解而陷入到消极的情绪中去。

抑郁只能够把更多不良的情绪郁结在心中，是非常不利于身心健康的。孩子的生活中不应该承受太多的不快乐和不开心，父母应该疏导孩子的不良情绪，让他们知道，生活中不是缺少欢乐，而是缺少发现快乐的眼睛。

做父母的要充分相信孩子

生活中，做父母的要充分相信自己的孩子，包括孩子就某件事对父母的陈述和表白，不要人为地为孩子增加受委屈的情绪，比如：

在一个房间里，忽然听到一声花瓶掉地破碎的声响，爸爸过来一看，只见女儿呆立在那里，地上满是碎瓷片。“动花瓶干什么，怎么把它弄到地上了?”“不是我弄碎的，是猫碰坏的!”说这话的时候猫已经跳远了，它好像知道自己犯了错而躲着去了。

“做了就要勇于承认，还要怪到猫身上，它又没在这里，学会撒谎了!”“真的不是我。”觉得很委屈的女儿哭了起来！“真的是猫打翻的?”

“嗯，我刚刚走到这时，猫就从那边跳过来，刚好就撞在花瓶上了。我想去救花瓶，但没来得及……”

“是这样吗?”

“是的。然后，猫就跑到厨房去了，我想它现在一定在害怕呢，因为它做了坏事。”

爸爸仔细查看后发现了猫的脚印，知道自己的确错怪了女儿。“女儿，对不起，爸爸错怪你了!”爸爸非常诚恳地说。女儿睁大眼睛望着爸爸，停止了哭泣，并主动拿起扫帚把地上的花瓶碎片打扫干净。

女儿心里的委屈刹那间烟消云散。

人的情绪是需要适当的发泄的，这是一种心理防御的在效方法。孩子的心灵脆弱而敏感，他们非常在乎身边的人，比如父母、老师、伙伴对自己的态度和看法。很多时候一句无足轻重的话语，或者在做事时受到一点挫折便会使他们感觉受到莫大的委屈。

孩子受了委屈父母首要的是让孩子把委屈说出来，并且要相信孩子说的是实话。有的孩子在学校受了委屈，由于年龄小，不会表达或者不敢表达，倾向于不说或者是想说又不知道怎么说，这就可能造成孩子长期的心理压力。这时候家长如果不细心观察并发现孩子的情绪变化，那么这种委屈很可能会造成孩子的心理创伤，对孩子以后健康人格的形成造成影响。所以父母需要倾听孩子的委屈，引导孩子表达出来。

孩子的心理承受能力较差，也不会用大道理来开脱自己，要孩子做到很快调整心态、豁然开朗显得太过苛求。最直接的方法就是将情绪发泄出来，这对他们的身心都有好处。尽管有时他们的方式有些过激，父母也应该给予充分理解。

父母需要做的不是阻止他们，更不是大发雷霆或使用暴力，而是让孩子懂得发泄自己的情绪，不能拿别人当出气筒也不能失去理智。当孩子情绪平复后，他会比以前更懂事，还会为自己的过激行为感到惭愧，并对父母的宽容心存感激。这时再进行适时的说教，他就会心悦诚服。

作为父母要随时洞察孩子的情绪变化，当发现他情绪低落或反常时要引导他找一种好的发泄方式。父母可以试着与孩子进行心与心的交流；可以带孩子到野外登山或进行较激烈的体育活动，让他的情绪得以释放；或是主动离家一天，让他邀请好友们来开个聚会，任凭他们扯着变调的嗓子唱歌，或疯狂地扭一扭……父母会发现，孩子并不会滥用这个自由，相反，父母的理解拉近了和孩子之间的距离，彼此相处会更和睦、更愉快。

父母要有冷静的态度，及时消除误会并释放孩子的委屈，使孩子感到自己不是孤单的，这使孩子在化解委屈的过程中慢慢学会自己判断思考，培养遇事冷静的健康心态。

父母要想办法帮助孩子疏导委屈情绪，使孩子愿意向父母倾诉，并得到父母的开导和帮助。这需要父母正确引导孩子：

1. 让孩子把所受的委屈宣泄出来

当孩子觉得委屈的时候，父母要及时了解他们委屈的原因。不要掺杂自己的主观臆测，或与孩子一起埋怨，而应让他们的情绪得到释放，并想法转移孩子对“委屈”的关注度，引导孩子的情绪向乐观、健康的方向转变。这样才能让他们形成正常的人格。

父母应采取接纳的态度来应对孩子的负面情绪。当孩子受委屈时，让他们将委屈宣泄出来是件好事。此时，只要孩子的言行不是太过分，父母应该接受、允许孩子适度地发泄。之后再好好地去安慰孩子，用孩子能够接受的方式如讲故事、玩游戏等，设法使孩子的情绪在爆发后能够渐渐平复下来。

但是，安抚孩子不是无条件地顺从孩子，如果毫无原则地一味迁就是不能真正解决问题的。

2. 让孩子主动述说事情的经过

等孩子的情绪平静后，父母可引导孩子述说事情的来龙去脉。值得注意的是，一定要让孩子主动述说，当他们提及自己的感受时鼓励其说出为什么会有这样的感受。仔细聆听后，父母应心平气和地从其他人的角度设几个问题问孩子，引导孩子从他人的角度看问题。

3. 提高孩子的心理成熟度

心理成熟度差的孩子不太容易适应不断变化的环境，也不太容易形成良好的自我控制能力，从而在人际关系和心理健康中更容易出现问题。因此，父母要注意提高孩子的心理成熟度，要让孩子学会合理调节自己的情绪。更加成熟地处理事情。

父母要学会让孩子释放负面的心理能量，不管是建议还是意见、是牢骚还是委屈，都宣泄出来，这对孩子化解矛盾、保持心态平衡有着不可低估的作用。

允许孩子宣泄心中的不满情绪

生气、不满都是一种情绪的宣泄，父母不能采取一概压制或一味迁就的简单方式去处理孩子的这种宣泄，而应该针对不同情况进行疏导，这样才有利于孩子的身心健康。

6岁的小男孩京京最近总是向妈妈表示不满，原由却是他家楼上的一个同样大的小女孩。早上6点半，楼上的女孩开始唱英文歌；晚上8点半，楼上的钢琴声准时响起。

京京的妈妈总是说，“同样是6岁，同样是知识家庭的孩子，人家女儿怎么强过我家的儿子这许多?”

一面说，还一面忍不住叹息：“我要有个这样乖巧的女儿就好了。”

有一天，京京终于忍不住反击妈妈：“你想要楼上的女孩做女儿，我还想要楼上的女孩妈妈做妈妈呢。人家女孩妈妈比你漂亮，比你有学问!”京京的话使唠叨不休的妈妈愣住了，一时不知如何是好。

生活中，父母们可能都会有这样的经历：本来一向乖巧的女儿忽然和你硬碰硬地大吵了一架；或是一向勤奋好学、成绩优秀的儿子突然有一天宣布他逃课一天，还打算跟老师抬杠；也可能一向规规矩矩的他，某一天把自己关在房里拼命摔东西，任你喊破喉咙也不开门。如果遇上了这样的事请不要大惊小怪，让孩子痛痛快快地发泄一回。

孩子慢慢长大了，开始用心去感受世界，开始注意别人的眼光，并想方设法引人注意。他们的心里充满幻想，跃跃欲试，又常觉得自己充满了矛盾和困惑，内心烦躁不安，想找个人大吵一架，或把自己关在屋里，声嘶力竭地大喊大叫。

这时父母最好的应对方法是保持沉默，并为自己的孩子懂得采取这种不太糟糕的发泄方式感到高兴。孩子的心理是脆弱的，如果他总把学习、生活或是人际交往中遇到的所有不愉快闷在心里，长此以往会造成心理障碍。只要孩子的言行不过分，父母就应该接受，并允许孩子适度发泄。

孩子与成人一样常有情绪变化，诸如愤怒、哀伤、失望、害怕等，想让孩子保持心理健康，必须让他适度宣泄。让孩子淋漓尽致地吐露自己的委屈、忧愁、牢骚、怨恨等不快，使其达到心理平衡。

让孩子适度地宣泄对他们的生理和心理都有益处。如果孩子心中的积郁和不快长期得不到宣泄，就会注意力不集中、行为呆板、精神失常、精神不振、人际关系紧张，严重时会给孩子个人和家庭乃至社会带来危害。有些孩子闹事、出走、轻生，就是因为不良情绪无法宣泄造成的。

因此，父母最好每天抽出一定时间与孩子交心，增进感情，让孩子把你当朋友，他才会吐露心中不快。父母要注意两点，一是谈话时要专心，在这个时间内父母不要看电视、报纸，只能与孩子彼此相对而谈。二是父母要经常抚摸孩子、拥抱孩子，让孩子能实实在在地感受到爱，时时刻刻沐浴在爱的春风之中。

作为父母，要始终以关怀和慈爱的心情来面对孩子的情绪发泄，并保持冷静、理智的头脑，寻找解决问题的良策。当孩子宣泄不满情绪时父母要做到：

1. 首先要让孩子静下心来

不满情绪的源头是负面经历，若负面情绪超越了自己能控制的范围，最好的方法不是释放或压抑，而是先定下心来。因为负面能量太大时，胡乱释放出来可能连自己也承受不起。也会对别人造成负面影响。要让孩子先静下心来稳定情绪，并教孩子一个可行的方法。

父母首先要使自己冷静下来，然后轻轻地拥抱孩子。保持身体接触，耐心询问他到底想要做什么。引导他说出自己的不满，然后疏导他的情绪，并告诉他父母知道他的感受，父母爱他等。孩子感受到父母的安抚获得了安全感，会慢慢平静下来。父母切不可用大声训斥或惊慌失措来刺激孩子，激化他的情绪。

2. 允许孩子合理的发泄

父母要理解、爱护孩子，在孩子不满时允许孩子以恰当的方式发泄消极的情绪。如：痛哭一场、跺脚、敲打枕头、画一幅发怒的图画，大声说“我很生气”等。要让孩子知道父母了解他的感受，还应告诉孩子，生气时能干什么不能干什么，比如教育孩子生气时不能丢玩具、攻击他人、向大人发脾气、伤害自己等。

3. 用一些幽默来调节孩子的情绪

幽默是人管理情绪的最高境界，具有幽默感是现代人必备的心理素质之一。父母要培养孩子的幽默感，它有助于孩子形成活泼开朗、豁达乐观的性格。

要让孩子具有理解和欣赏幽默的能力，父母要善于利用生活中的“幽默培训教材”。如电视小品和相声等，对陶冶孩子幽默感会起到重要作用。这些健康、富有感染力的文艺作品有助于孩子理解和模仿，是培养孩子幽默感的最好教材。

让孩子学习幽默大师，学会用幽默调节情绪与气氛。

孩子幽默感的形成受父母影响最大，父母要带头用幽默调节亲子关系，活跃家庭生活气氛。调查显示，孩子最喜欢幽默的家长和家教，这能大大减少青春期孩子的逆反心理。

支持和鼓励孩子模仿或表演幽默节目。这既可提高孩子大胆表现自己的能力，也熏陶了孩子的幽默感。为孩子提供一些可模仿的作品，例如卓别林的动作，马克·吐温和萧伯纳的笑话，中国笑星赵本山、范伟等人的小品等。

让孩子具有幽默感，对生活保持积极乐观的态度，就可以使许多看似烦恼的事情，用幽默的方法巧妙转化，使不愉快的情绪马上消失，孩子心情立即变得轻松起来。

4. 让孩子多接触大自然

大自然的奇山秀水常能震撼人的心灵，父母可以在孩子不满时带领孩子登上高山、放眼大海，让孩子开阔心胸，忘掉烦恼。带孩子走进森林，孩子会觉得一切都那么清新，这些美好的感觉往往是孩子良好情绪的诱导剂。用美丽的大自然引导孩子走出迷乱不安，使孩子性情得到不断提升，能有效地将不满化为美好的情怀。

每个孩子都会有一定的情绪状态，如恐惧、喜悦、愤怒、不满等。孩子的自我控制能力弱，有了不满等负面情绪就会当场发泄出来，父母要引导孩子合理宣泄，及时驱走孩子情绪的乌云。

注意及时平息孩子的愤怒情绪

在生活中，常常会看到孩子因为某些原因在家里和父母吵闹，这种现象的发生，多不是原则上的事，而多半是缘于孩子由自身对事物理解不够所造成的。比如说，父母干预了自己认为是喜欢的，但父母认定是不利于健康成长的做法或偏爱等，这时有的孩子就有可能与父母发生矛盾，并用愤怒来发泄不满。

事实上，愤怒是一种不良的情绪状态，小到烦躁不安，大到火冒三丈等。古代有“怒伤肝、喜伤心、忧伤肺、思伤脾、恐伤肾”的说法，现代生理研究也表明，人在发怒时会有一系列生理变化，如心跳加快、胆汁增多、呼吸紧迫、脸色改变，甚至全身发抖。因此，愤怒对人健康的不利是显而易见的。

发怒是人正常的情绪体验，愤怒的导火线可能来自外部因素，如与同学、老师、父母等的摩擦，或交通阻塞、上学迟到等；也可能来自内部因素，如心中的烦恼以及对创伤性事件的记忆等。

愤怒是人类所拥有的一种完全正常、健康的情绪，但是如果无法控制愤怒，它就会引发出各种问题。因为愤怒具有极大的破坏力，人在愤怒时意志力会变得薄弱，判断力、理解力都会降低，理智和自制力容易丧失。

处理愤怒的方式有发泄、压制和平息等，前两种有一定的负面影响，唯有平息才是正确的处理方式。因为心理学家认为，人的情绪不是由于某一事件直接引起的，而是因为经受了这一事件的人对事件不正确的认知和评价，导致了愤怒等负面情绪的出现。

当孩子被愤怒的情绪包围时，父母不仅要从事情本身寻找原因。更要引导孩子及时检查自己的态度，看看自己是否在用消极的态度评价所发生的事。让孩子认识到愤怒对自己没有任何益处，平息自己的怒气控制自己的攻击性情绪，不但可以赢得尊重，还可以提高自己的说服力。这样，孩子无论在同伴或陌生人面前，都知道采取平和的态度而不是轻易发火。

相反，易怒是一个人缺乏修养的表现。父母要让孩子知道，愤怒除了对自己身体有危害之外，还损害了人与人之间“和为贵”的相处之道。对于同学之间及与父母师长的分歧，只有通过心平气和的说理与沟通才能达到解决问题的目的。

父母要使孩子学会自己镇定下来，不但要控制自己的外在行为，更要控制自己的内部反应。缓解愤怒情绪使它慢慢平息下去。在日常生活中，父母要想使孩子健康成长，可以从以下方面帮助孩子：

1. 提高孩子的自控能力

当遭遇愤怒情绪时，要让孩子学会积极调整态度、转换策略，做一些有益于解决问题的事，而不是一味地去发火，更不要和对手来玩“愤怒比赛”，要学会疏导自己的情绪。不仅是闭嘴，而要让倾听代替争吵并试着去解决问题。

要避免发怒。当生活中遇到能引起人发怒的刺激时，应力求避开，眼不见心不烦，这是自我保护性的抑制愤怒的方法。或建立一个新的兴奋灶，在受到令人发怒的刺激时，人的大脑会产生一个强烈的兴奋灶，这时如果主动在大脑皮层里建立另外一个兴奋灶，用它去代替或消除引起发怒的兴奋灶，就会使怒气平息。

总之，父母应当有意识地提高孩子控制愤怒情绪的能力，千万不要动不动就指责别人喜怒无常。提高孩子的情商，让孩子改掉这些坏毛病，使孩子成为一个容易接受别人和被别人接受的人。

2. 让孩子进行放松训练

可以陪孩子进行一些简单的放松训练，如深呼吸、想象放松等都有助于舒缓愤怒的情绪。如果孩子和某人的关系紧张是由于暴躁脾气所造成的，那么进行放松练习是一个非常好的方法。

具体操作步骤如下：深呼吸，全身放松，缓慢地念一个能让你放松的词，如“放松”“别激动”，一边放松身体一边重复念词。想象一个令人放松的情景，可以是亲历过的，也可以是想象出来的。也可参加瑜伽的练习放松自己的肌肉，使你觉得更加平静。每天练习以上这些放松技巧，这样在情绪紧张的状态下就能很快地加以应用。

3. 教会孩子能控制自己说话的声调

告诉孩子大喊大叫是不能很好控制自己的表现，相反是一种粗俗的表现。当对手大叫时，你却能让自己保持说话平和温顺，那么对方会在没有意识到的情况下跟着你降低了声音，一场战火就会因此归于平静。

4. 让孩子用倾听控制愤怒

愤怒使人仓促地做出论断，这些论断往往并不客观。父母应该告诉孩子，在和别人争得面红耳赤时，不妨放慢速度，想想自己的反应。不要不假思考地去说跳入脑海的第一句话，应该认真地倾听对方的话，冷静思考一下自己想要说的每一句话。

当遭到对方批评的时候，自己可以采取防御措施，但不要反击，要慢慢地深呼吸，控制自己的愤怒情绪。保持镇定、认真倾听，能防止事态变得更加严重。

父母对于暴躁易怒的孩子最主要的教育方法是引导和训练。要让孩子认识到，发怒并不能解决任何问题。要经常训练孩子主动地克制自己的怒气，分析自己究竟为什么发怒，让孩子逐渐养成制怒的习惯，从而保持积极与平稳的情绪。

帮助孩子消除悲观的情绪

成人在遇到工作困难、事业不顺、生活窘迫时，就难免情绪悲观，那么，为什么孩子也会有悲观的情绪呢？

造成孩子产生悲观情绪的因素比较多，其根源就在于没有良好的心理承受能力。往往因为一个很小的挫折也会使孩子变得悲观。总的来说，主要有以下几方面原因：

1. 学习压力大

由于学习压力的影响，或者由于父母的期望比较高，一旦孩子没有达到自己所预定的目标，往往会很失望，如果没有得到及时的疏通和引导，很容易变得悲观，觉得自己总也学不好。

2. 人际关系不友好

有的孩子在与人交往过程中，不懂交往技巧，或者是不懂尊重他人，不懂谦让、包容，很容易被其他伙伴排斥，大家可能都不太乐意和他交往。这时孩子可能会觉得自己就是一个不被人喜欢的人，大家都不喜欢他，自己常常闷闷不乐，时间长了，也会变得悲观起来。

3. 不能正确对待挫折

我们反复地说在孩子的成长过程中挫折在所难免，然而还是有很多孩子不能正确对待挫折。有时一件很小的事情，没有达到自己预期的结果，或者是失败了，他们就垂头丧气，一蹶不振，总是在责怪自己为什么这么点事情都做不好。其实，一件事情失败的原因有很多，不能因为一件事情失败就判断以后所有的事情都会失败。

4. 不良环境的影响

这里说的环境影响包括两个方面，一是家里，如果父母本身就是天生的悲观主义者，那么孩子受其熏陶也会慢慢变得心态悲观了。二是学校，如果与孩子相处的老师或同学大多是心态悲观者，那么孩子自然也会“近墨者黑”，变得比较悲观。

其实，在有些情况下，乐观的情绪是决定成功与否的决定性力量。失败者通常有一个悲观的“解释事物的方式”，即悲观者遇到挫折时，总会在心里对自己说：“生命就这么无奈，努力也是徒然。”由于常常运用这种悲观的方式解释事物，无意识中就丧失斗志，不思进取了。

悲观和乐观这两种心态直接影响着我们的生活方式，影响孩子以后的工作和学习，那么，这两种心态对我们的影响到底有多大呢？据说，在一家冻肉厂曾发生这样一件事：

在一家冻肉厂里有两个搬运工，一天，同事不小心把他们两个关在零下十八度的仓库里。这仓库的用途是来冻肉的，其中一个人想：完了，这儿的温度这么低，如果出不去，我会被冻死的。于是，他双手抱紧双膝，身体蜷缩起来，可是越缩越冷，整个人跟肉团没有什么两样。而另一个人想：这里的温度很低，我要多活动活动，身体就会热，就不会被冻死了，等救援队一来我就有救了。于是他开始绕着仓库四周跑了起来……第二天，人们打开仓库，发现有个人正在绕圈跑步，还有一个人蜷缩在墙角，脸色泛青，身体僵硬，已经被冻死了。

可事故的调查结果是，当晚的冷冻库所给的温度是零度，只要一个人稍做活动，不会被冻死的，他的真正死因是神经高度绷紧而导致心肌梗塞。可见，在极端的情况下，极度悲观会导致死亡。

对此，专家们认为，人类的所有行为，无论乐观，还是悲观，都是“学”得的。悲观者的悲观性格，并非“命中注定”，而是“后天养成”的。因此，只要父母方法得当，通过努力还是可以改变孩子悲观的心态。父母可以尝试以下方法来帮助孩子，改善悲观的性格：

1. 转移情绪

当孩子遇到一个比较难解决的问题或是一些烦心的事情，可以把它们暂放一边，换个环境，暂时想一些别的事情或者参加一些文体及娱乐活动，转移悲观的情绪。

2. 勾画美好未来

不管现实如何残酷，都应始终相信困难即将克服。即使处境危难，也要寻找积极因素。父母应该经常鼓励孩子，只要脚踏实地，坚持不懈，全力以赴去争取就能胜利。孩子越乐观，他克服困难的勇气就越会倍增，反之亦然。

3. 不要扩大事态

如果孩子一件事情做错了或失败了，不要说："什么事情都做不好，考试老不及格，以后还是不要上学了。"诸如此类的说法会比较打击孩子的积极性，父母可以尝试换一种说法："这件事情做错了，那么，你学到了些什么呢？相信只要你下次能避免同样的错误就一定会成功！"

4. 多与人交往

父母应该鼓励孩子多与人交流，多交朋友，有烦恼不要一个人唉声叹气。遇到问题时，应该鼓励孩子多向老师、朋友和家人倾诉，努力接近乐观的人，经常与他们交流，孩于也会慢慢地被他们熏陶得乐观起来。

5. 正确对待挫折

人的一生中，错误和失败在所难免，关键是要学会正确的分析与对待。当一件事失败的时候，父母不要对孩子说："你是失败者。"这样就将"事"与"人"混淆了，使孩子觉得自己就是一个失败者。同样，当孩子遇到一次挫折的时候，要帮助孩子分析问题所在，而不能让孩子给自己定位为"我时时都是倒霉的，做什么都不顺利。"

6. 释放压力拓宽兴趣

家长应该和孩子一起确定学习目标，不能给孩子施加太多的压力，有时期望值太高也未必是件好事，尽量让孩子在宽松的氛围中学习。鼓励孩子培养兴趣爱好，兴趣是保持良好的心理状态的重要条件。他的兴趣越广泛，适应能力就越强，心理压力就越小，悲观心态出现的可能性就越小。

总之，悲观不是天生的，像人类的其他态度一样，悲观不但可以减轻，而且通过努力还能转变成乐观的心态。

善于让自己走出情绪化的樊篱

生活中，经常有人劝解别人不要误入樊篱，而自己却经常陷入其中而不自知，这就是说，有时情绪化是不易摆脱的，尽管自己也劝过别人。

在历史上，我们可以发现，很多有优秀才能的人，就是因为个人情绪化的倾向，在做事过程中，不能把握实际效果，不能从利害关系出发，铸成大错，造成严重的损失，甚至是一失足成千古恨。下面我们分析《三国演义》中著名的关羽走麦城的例子：

三国时期关羽在和东吴的战争中败走麦城，最终被杀。刘备由于感念桃园三结义的深情，怀念自己的结义兄弟，竟然置当时的国家大局于不顾，置三国鼎立的那种局面于不顾，不听诸葛亮等人的苦苦劝告，亲自率领大军，攻打东吴，严重地破坏了当时三国鼎立的格局，最后被陆逊火烧连营，自己也落得托孤白帝城，忧愤而死。

刘备本来是一位非常理智的政治家，但是由于受到感情上的强烈刺激，也不能从实际利害关系出发，不考虑当时的政治格局，而是从自我的情绪出发，最终铸成大错。正是由于刘备在这次战争中的错误行为，使得蜀国的国力受到了严重的损害，从此蜀国开始走下坡路。这是一个做事从情绪出发，而不从利害关系出发的例子。

由此可见，一个人在走向社会之后，在进行现实事务的操作的时候，不让自己陷入情绪化，就容易把握利害关系，能够注意到现实的效果，能够注意从目标出发，从具体的效果出发。

在美国南北战争期间，格兰特将军是美国北方军队的总司令。有的官员向林肯总统反映，说格兰特酗酒，并且经常喝醉。作为一个部队的最高统帅酗酒，而且经常喝醉，这是违背一般的军事原则的。但是，在这种情况下，林肯并没有责备和阻止格兰特的酗酒行为，而是说，只要格兰特能打胜仗，我愿意给他送去最好的酒。

林肯的这种做法，就是善于把握情绪的最佳范例。

当时，在危急的战争环境之中，人才是第一位的，而格兰特是难得的军事人才。林肯如果非常刻板地利用自己总统的权威，去责备格兰特的特殊嗜好，只能有非常不好的效果。林肯正是把握了这一点，宽容了格兰特的酗酒行为，而最终取得了胜利。同时，这也是一个人因摆脱了情绪化的束缚而取得的胜利。

三　引导孩子树立正确的人生观

——一个人对待人生的态度，取决于他从小确立的人生观

人生观是一个人对生存的目的、价值和意义的看法，以及所持的立场。正确的人生观具有鲜明的时代特点，在文明、民主的社会，持有正确人生观的人会以积极的态度看待社会和人生，把社会看做是发展的，人们是善良的，生活是美好的。从小树立什么样的人生观，关系他未来的前途和命运。

引导孩子树立正确的人生观

人生观是每个人对自己整个人生意义的理解及采取的相应态度，决定他的一生行为的取向。错误的人生观会把一个人引向社会的对立面。

高洪是个正在读高三的男孩。学习成绩很好，以他现在的成绩考上重点大学根本就不是问题。

可就在离高考还有一个多月的时候，高洪居然向父母提出了退学与一位亲属去做生意的要求。而且态度很坚决，当父母问其原因时，他说：“我觉得人生没有任何意义，我也不想当什么科学家，反正死了都是一样的。上大学还不如去挣钱先享受呢！”

妈妈这才意识到自己一直疏忽了对孩子进行正确的人生观教育，以致于孩子形成如此消极的人生态度。妈妈通过多方打听才知道，原来高洪前不久与班里的一位女同学谈恋爱，但是临近高考了，女孩为了不影响双方考试，于是向他提出了分手。失去女友的高洪觉得一切都没有意义，人生也没有了任何价值。

健全的人生观是孩子能够克服困难、取得成功的基本条件。一个没有健全人生观的孩子在遇到挫折时便会消极厌世，以逃避的态度来掩饰自己的失意。这样的孩子只知道埋怨生活的不公平、命运的坎坷，而不会从另一个角度积极地看问题。

现在很多孩子缺乏正确的人生观教育，轻言生死，认为人生毫无意义，活着没有任何价值，由此一味沉迷于享乐。这些都是典型的消极人生观的体现。父母应该告诉孩子应当忽略结果，重视过程，生命的意义在于不懈的追求，人生的价值也不在于最终的结果。

一个人的人生观是否正确不是自己说了算的，而是需要放到整个社会中去看，符合社会发展要求的人生观才是正确健全的人生观。因为每个人存在和生活的意义都需要通过社会才能体现出来，没有社会作为支撑，任何人的人生都是毫无意义的。

罗素在《我为什么而活》这篇短文里提到，“对爱的渴望，对知识的追求，对人类不可遏制的同情是活着的三大希望”。父母可以告诉孩子，爱是一个宽泛的概念，包括爱情、亲情、友情。每个人作为社会的一员，都有归属和爱的需要，这也是是否具有健全的人生观的一个衡量标准。同时追求知识和真理也是一个人是否具有健全的人生观的一个衡量标准，因为知识可以把人带入一个丰富多彩的世界，让人体会到智慧的欢愉。

《钢铁是怎样炼成的》里有这样一句话：“人的一生应当这样度过，当他回首往事时，不因虚度年华而悔恨，也不因碌碌无为而羞耻。”因此，父母可以利用这些名言勉励孩子在自己的一生中勤奋努力，为社会、为他人多做一些贡献。同时父母应该告诉孩子，每个人的能力和认知都存在差异，但是只要努力了的人生就是有意义的人生。

父母有责任和义务来帮助孩子树立正确的人生观，让他们对如何度过这一生有非常清楚的认识，准确地把握人生的意义，这样才能支撑他们获得成功和快乐。

1. 正确引导孩子，让人生过的有意义

人生究竟有无意义，都是相对于一定的社会生活背景而言的，尤其还受到意识形态的影响，但是，毕竟它有主流倾向，凡是活的让自己快乐也让别人快乐的人生就都是有意义的。

晓航是个初一的女孩，有一天，她突然问妈妈：“人的一生应该怎样度过才有意义呢？如果人死了，这意义还存不存在呢？”妈妈笑了，“你的人生应该由你来做决定，但是如果你想让你死了之后还有意义就必须为社会创造价值。”晓航想了想，说，“那我做个作家，记录我们时代的真实生活，有意义吗？”妈妈点了点头。

孩子进入初中以后便开始形成人生观了，当孩子问到人生或者生死的问题时父母不要感到诧异，而是应该积极地与孩子进行探讨，鼓励孩子确立一个积极的人生目标。

2. 为孩子介绍学习的榜样

古今中外很多成功人士都拥有为社会做贡献的积极人生观，父母可以多给孩子讲述这些名人和成功人士的人生观，激励孩子向他们学习，让他们结合自己的知识水平和生活经验，形成适应这个时代的正确人生观。

赵小玲自上中学以来对人活着是为了什么就一直很困惑，有时候想到人终究会死，便觉得学习和生活都很乏味。

妈妈与小玲聊天后得知了她的忧虑，便为她买了一本《钢铁是怎样炼成的》。小玲如饥似渴地阅读着这本书，并深深地被保尔为国家牺牲一切的信念和崇高的人生观所感染。她小心地用正楷字在自己的书桌上写下了书中那段著名的话，作为座右铭，时刻激励自己。

没有正确的人生观做指导，人生就像在黑夜中赶路，找不到正确的方向。父母可以为孩子讲述一些伟人的故事，让这些人物的人生观激励孩子正确地面对人生，树立正确的人生观。

3. 培养孩子的社会责任感

任何正确的人生观都必然是符合社会发展的，也就是说每个成功的人都必须具备社会责任感。没有社会作为支撑，任何人的一生都毫无意义，只是一个生死的过程而已。

父母在对孩子进行人生观教育时一定要强调社会责任感，这是任何正确的人生观都不可缺少的内容，小到为家庭、为公司，大到为国家、为民族做贡献，都是正确的人生观和有意义的人生必须树立的信念。

4. 培养孩子乐观积极的人生态度

孩子具备一个乐观积极的态度有利于他们树立起健全的人生观。他们乐观地看待困难和挫折，本身就是健康人生观的一种表现，同时这种品质还会让他们更容易关注他人和社会的需求，从内心确立强烈的责任感。

孩子在生活中遇到困难时，父母应该指导他们用乐观、积极的态度来面对，不能消极厌世。例如当孩子考试不如意，感觉身心俱疲，从而认为考试没有意义、生活没有价值时，如果父母能够指导孩子用积极的态度来看待失意，孩子健全的人生观也就会慢慢建立起来了。

正确的人生观就像孩子前进路上的灯塔，当孩子遇到风雨险阻时给孩子希望并正确指引方向，让他们能够勇敢地克服困难，到达成功的彼岸，收获一个愉快而有意义的人生。

从小教育孩子讲诚信

一个人讲不讲诚信从实质上讲，表明他对自己的行为负不负责任的问题，表明他对自己的人格尊不尊重的问题，体现着他对社会、对人生的态度问题，所以说，守信是人的一项非常重要的品质。一个不守信用的人，注定了他的人生前景是暗淡的。

一位母亲对同事抱怨说："我儿子11岁，马上就要上初中了，学习成绩都很好，但暑假的这段时间很让我头痛。因为我要上班，没大人在家，要他自己复习功课。实际上每天的功课并不多，以他的速度一个小时就能全部做完，可每次我一回来他都说，妈妈我忘了做了。我还算是有耐心的妈妈，问清原因后督促他完成，然后严肃地告诉他我很不高兴，不允许以后再出现这样的事。可第二天他还是这样。我想小孩子嘛，爱玩也很正常，于是每天上班的时候我都打个电话提醒一下，可还是不管用。这样反复多次我都没耐心了，真想狠狠地教训他一顿。”

听了这位女士的抱怨，她的同事们在背后却议论说，说她儿子的问题其实是她的问题，因为同事们都知道，这位母亲是一个不够守信的人。有时同事约好了第二天早上9点见面，可是一直等到10点钟，才接到她的电话，说今天有事来不了了。这样的情况她的同事几乎都遭遇过，她经常会迟到，有时甚至还会失约。她自己对此却并不以为然，只是大大咧咧地笑一下，说声：“不好意思，迟到了。”然后就像没事儿一样，该做什么还做什么。

可见，有这样一个不守信的妈妈，还有必要为有那样一个不守信用的孩子而奇怪吗！所以，作为父母，在教育孩子的过程中，首先就要守信，不轻易允诺给孩子什么，但一旦答应了，就要努力兑现，免得给孩子造成这样一种感觉：哦，爸爸妈妈都这样，我这样做也没什么！而且做父母的要清楚，不讲诚信不是小问题，它体现的是一个人对别人、对社会、对人生的态度问题，足以影响一个人的人生前途。

父母作为孩子最直接、最贴近的老师，应该为孩子起到良好的榜样作用。要从自身做起，做一个诚实守信的人，用自己的言传身教来影响孩子。

此外，父母对孩子的教育态度要正确。可以说很多时候孩子不守信，与大人的教育有关，就像案例中的这位妈妈，太计较孩子或是自己的损失，所以根本不顾及孩子失信于人的负面效果，以及失信后孩子的感受，而强迫孩子勿失信于人。可以说孩子失信是由父母“培养”形成的。因此，若要想让孩子做一个守信用的人，就要注意平时对孩子的教育态度，多考虑孩子的内心感受，为培养孩子守时、守信的良好道德品质作榜样。

最后，还要注意提高孩子的认识水平。要知道孩子有时表现出的不守信用的现象，是由于孩子对事物认识不清，总把希望、幻想当成现实存在的，因此容易造成孩子做出不守信用的事。所以培养孩子面对现实，认清现实，减少对现实的夸大，这是减少一些不守信用现象发生的重要手段。

父母是孩子的引路人，培养孩子诚实守信的品德是很重要的，家长一定要注意这方面的教育工作，努力把孩子培养成一个诚实守信的人。

一辈子以撒谎为耻

毋庸置疑，撒谎是一种卑鄙、下流的品质，具有的是欺骗社会的属性。撒谎影响人格和对人生的正确态度，必须从小予以纠正。

小伟是一个7岁的小男孩，刚进入一家寄宿学校上学。负责小伟生活的老师对小伟非常关心，对他照顾得无微不至。可是，没想到的是，在小伟上学一个月后，小伟回家告诉妈妈："生活老师对我太苛刻了。"妈妈很生气，随即找到学校，可是经过了解和调查，生活老师对小伟其实是很慈爱的。妈妈知道误会了生活老师，赶忙向生活老师道歉。

回到家，妈妈问小伟为什么要撒谎？小伟则很不好意思地说："我只是开个玩笑而已！"妈妈听了，真是哭笑不得！

孩子说谎几乎从刚会说话时就开始了。孩子为什么说谎，首先是由于孩子知道自己的行为不对，怕父母或其他人生气，他们并不知道撒谎也是不对的。

随着年龄的增长，生活中导致儿童说谎的原因越来越多了，有的孩子是为了免受惩罚、得到自己想要的东西或让同伴羡慕等，有的孩子说谎是为了保护隐私，还可能是一种善意的谎言等。

有的孩子试图讲真话，他们的谎言是由于极度的心理紊乱造成的。对于这种现象的进一步研究表明，这些儿童的谎言也可能起源于儿童的幻想，这类虚构可能本意是想为真实的东西添枝加叶，可是却越说越假，这种谎话并不是为了个人利益或为说谎而说谎。

有的孩子说谎可能是巧妙推理的产物，像案例中的小伟说谎就是这样的一种心理。他告诉母亲生活老师对他不好，母亲肯定会去质问老师，无论他的动机是什么，但他至少在说谎中运用了推理这个过程，生活中这种事例还有很多。

还有的孩子比较软弱和退缩，当遭到困难时，出于一时的冲动而编造谎言。这是对成人侵略的一种防御，但是这种防御性反射而编造的谎言很容易被人揭穿，孩子还会因编造这种谎言受到指责。

无论哪种说谎，我们都不能让其发展成习惯，如果是习惯性的说谎，对关系重大的事情也不说实话，那么就成问题了。

说谎会衍生出很多的坏毛病，所以及早及时地预防、纠正孩子说谎是很有必要的，下面给家长们几点建议：

1. 要及早发现，及时教育

有的孩子在最初说谎时没有什么动机，只是在比较紧张的情况下，怕遭到批评才说谎，如果家长没有识破，孩子会很得意，以后会接着说谎；但是如果家长识破了孩子的谎言，并对孩子进行教育和必要的惩罚，那么孩子也就不敢再轻易说谎了。所以及早发现孩子说谎，及时对其进行教育，是必须的。

2. 要尊重孩子，营造民主的家庭氛围

给孩子足够的安全感，这样孩子才不至于因担心做错事受批评，或者因讲了真话丧失自己的价值而说谎。

3. 应注重孩子诚实品质的培养

在日常生活中，我们要善于用一些方法来培养孩子的诚实品德，比如可以给孩子讲一些诚实的故事，这对孩子有很强的感染力。平常要关注孩子，如果发现孩子说的话可能是假的，就要认真调查清楚，然后揭穿它，借以告诉孩子，错误是可以原谅的，但是说谎，是任何时候都不会被原谅的。并且应适当地让孩子受点小惩罚，让他真正记住——说谎是可耻的，要坚决不说谎！

4. 要提高孩子各方面的能力

要知道有些孩子做错事、撒谎跟他个人的某方面能力有关，比如孩子撒谎的内容常常与学习和做功课有关，因为孩子的学习不好和功课存在问题，所以撒谎。同样的，如果他的学习好了，当然也就没有必要说谎了。所以培养孩子良好的学习能力可以有效地避免孩子说谎。同样，培养孩子其他方面的能力，也可有效地减少孩子说谎的可能。

5. 要特别重视撒谎屡犯的孩子

如果孩子经常说谎，大人就要高度重视了，父母要认真分析孩子说谎的原因，应及时揭穿，让孩子知道谎话骗不了父母。否则孩子就会觉得父母是“好骗的”“可欺的”，继而胆子越来越大，谎话越说越多。

总之，撒谎是一种恶习，培养一个天生诚实的孩子是很重要的，这样的孩子不会欺骗别人，更不会走入极端。而一个正直诚实的人更容易得到别人的友谊和认可，对孩子的健康发展也是有利的。

鼓励孩子树立远大志向

许多成功人士的事例表明，一个人的心态如何，在很大的程度上影响着他的未来。

曾有专家做过一个实验：

组织三组人，让他们分别去一个村子。第一组的人不知道村庄的名字，也不知道路程有多远，只告诉他们跟着向导走就是了。当这组人走出两三公里时就有人叫苦，接着，每走出一段距离都有人抱怨，越往后走他们的情绪越低落。

第二组的人知道村庄的名字和距离，但路边没有里程碑，他们只能凭经验估计行程时间和距离。走到一半的时候大多数人就想知道他们已经走了多远，比较有经验的人说："大概走了一半的路程。"于是，大家又簇拥着向前走，当走到全程的四分之三时，大家情绪低落，觉得疲惫不堪，而路程似乎还很长，当有人说："快到了！"大家又振作起来加快了步伐。

第三组的人不仅知道村子的名字、路程，而且公路上每一公里就有一块里程碑，人们边走边看里程碑，每缩短一公里大家便有一小阵的快乐。行程中他们用歌声和笑声来消除疲劳，情绪一直很高涨，很快就到达了目的地。

这个实验告诉我们，当人的行动有明确目标，并且把自己的行动和目标不断加以对照的时候，他们就能很清楚地知道自己的行进速度和目标相差的距离，因而其行动的动机就会得以维持，并会克服困难，努力达到目标！

其实，人生就如走路，让孩子从小树立远大的理想，对他们的学习和成长都是很有好处的！学习如果没有目标，就如同航海时没有灯塔，很容易迷失方向。孩子可能因为年龄小，意识不到目标的重要性，父母可以加以引导，使他们及早地明确自己应该学会什么，并确信这些内容值得一学，他们就会自觉地努力地学习。国内外的学习实践都证明，学习目标具有导向、启动、激励、凝聚、调控、制约等心理作用。

对此，教育专家指出，从小帮助孩子树立远大的理想能很好地提高孩子的心理承受能力，一个人有一个远大的志向，再加上他不懈的努力，那他的志向就一定能得以实现。

许多年前，有一位穷苦的牧羊人带着两个年幼的儿子以替别人放羊来维持生计。一天，他们赶着羊群来到一个山坡，这时，一群大雁鸣叫着从他们的头顶飞过，并很快消失在远方。牧羊人的小儿子问他的父亲："大雁要往哪里飞？"父亲回答说："它们要去一个温暖的地方，在那里安家，度过寒冷的冬天。"他的大儿子眨着眼睛羡慕地说："要是我们也能像大雁一样飞起来就好了。"小儿子也对父亲说："做个会飞的大雁多好啊！"

牧羊人沉默了一下，然后对两个儿子说："只要你们想，你们也能飞起来。"

两个儿子试了试，并没有飞起来，他们用怀疑的眼光看着父亲。牧羊人说："让我飞给你们看。"于是他飞了两下，也没有飞起来。牧羊人肯定地说："我是因为年纪大了才飞不起来，你们还小，只要不断努力，就一定能飞起来，到任何想去的地方。"

父亲的话使两个儿子产生了飞起来的梦想，并坚持不懈地努力。一天，牧羊人带回一个小玩具，用橡皮筋做动力，使它飞向空中。两个儿子觉得很好玩儿，照着仿制了几个，都能成功地飞起来。他们因此兴致倍增，并引发了制造飞机的想法。经过反复试验，世界第一架飞机诞生了。

牧羊人的这两个儿子就是美国的莱特兄弟。

哲人说，生命是有阶梯的。正如竹子是一节一节长高的，父母在教育孩子的时候也应像竹子的成长一样，要有充分的耐心，要等待孩子一节一节地往上长，不要期望孩子一下子就长很高，那样肯定是没有基础的。

培养一种心系他人的情怀

一天清晨，在一个贫苦的家庭里，早晨的阳光如利箭般穿透了薄薄的窗纱，射到了墙上。小男孩早早地醒了，但他没作声，他不愿惊醒疲倦的父母，因为他们为了生活太劳累了。

其实，他的父母也早醒了，只不过他们不愿面对儿子那失望的眼睛，因为今天是 11 月最后一个星期四——感恩节，但是，他们已经没有钱准备任何的节日礼品与膳食了。

丈夫躺在那里想：若是放下脸皮，去和当地慈善团体联系一下，或许就能分到一只火鸡过节了。

但他做不到这一点。唉，怎么办呢？

几个小时过去了，他们还是硬着头皮起床了。丈夫没有好心情，妻子当然也是唉声叹气的。这一切小男孩看在眼里，心里十分难过，可他又有什么办法呢？穷人的日子就是这样难熬。妻子终于忍无可忍了，催促丈夫说："你怎么就不能像别人那样去慈善机构走一趟呢？"丈夫没话说了，是啊，虽然生活很困难，但他觉得去行乞更可怜，他不想被人看不起。

这时，突然响起来一阵有节奏的敲门声。会是谁呢？一家人都在猜测，该不会是乞丐吧，我们实在太穷了，根本没有什么能给他呀！男孩跑到门边打开门。门外站着一个高大的男子，他满脸笑容，手里提着齐全的节日膳食，火鸡、罐头应有尽有。一家人看着他，都愣住了。那人说："这些东西，是一位知道你们有需要的人要我送来的，他希望你们知道，在这个世界上，有人在关怀并深爱着你们。"

丈夫极力推辞这份厚礼，来人却说："不要推辞了，我只不过是个跑腿的而已。"他面带微笑，把篮子挎在了小男孩的臂弯里转身就离去了，走时还留下一句："祝你们感恩节快乐！"这时，小男孩的心里油然升起了一种无可名状的神奇感受，这件发生在童年时的"小事"竟然影响了他的一生，并注定使他成为了一个乐于帮助他人的人。

这件感恩节的小事让小男孩领悟到人性最可贵的一面，使他觉得人生始终都存在着希望，他发誓日后也要以同样的方式尽力去帮助其他有需要的人。

时光飞逝，转眼他 18 岁了。他的收入仍然很微薄，但他还是坚持在感恩节那一天买很多食物，但不是为自己过节，而是要兑现孩童时的承诺与心愿。"咄、咄、咄"，同样有节奏的敲门声再次响起，已经长大的男孩扮成送货员出现在了一户人家的门口。开门的是一位西班牙籍的妇女，她家里有 6 个孩子，然而无情的丈夫抛弃了她。眼下，她和孩子们正在遭受着断炊之苦。此刻她带着充满戒备的眼神望着来者。

男孩说："不要害怕，我是来送货的，女士。"之后他拿出了丰盛的节日大餐和佐料，女人惊呆了，立在那里，她身后的孩子们则顿时爆发出了欢快的叫喊声……

女人激动得热泪盈眶，她吻着年轻人的手臂，用蹩脚的英语感动地说："哦，你一定是上帝派来的……"年轻人腼腆地说："噢，不，我只是个送货的，是一位朋友要我送来这些东西的。"

随后他递给女人一张小纸条，上边这样写道："我是你的朋友，希望你们一家人都能过个快乐的感恩节。也希望你们知道，有人在默默地爱着你们。今后你们若是有能力，就请同样将这样的礼物转送给其他需要的人。”

当年轻人把食物搬到屋子里时，他的心情格外愉快。当他走在返回家的途中时，那种人与人之间的真情和亲密无间的感受，令他也不禁热泪盈眶……

回想自己年少时的种种悲惨经历，他没想到它们竟成了导引自己走向坦途的前奏，指引他用一生的时间去帮助别人，童年时的那个送货人是如此深刻地改变了他的世界观和人生观，他觉得，传播爱的人才是最幸福的人。

几年后，这个年轻人几经风雨，成为美国总统的特别顾问，他就是全球著名的心理励志专家、成功学权威——安东尼·罗宾。

如果你想让孩子成为一个心系他人的人，那么，你就要让孩子远离自私，去做一个愿意为他人奉献的人吧！

作为父母，在以自己的行动来影响感染孩子的同时，还要对孩子进行正面的教育和引导，要教育孩子树立良好的道德风尚和积极向上的心态，能分清什么是真、善、美，什么是假、丑、恶，知道自己将来应该成为一个什么样的人；帮助孩子确立健康的信仰，并经常鼓励孩子为这个信仰去追求、去努力；要让孩子懂得宽以待人，与人为善的道理，学会在生活中如何尊重他人、关心他人，无论是与家人团聚，还是与伙伴交往，都不能称王称霸，不以“自己”为中心，绝不能做损害他人利益的事情；在正常的人际交往中，要乐于助人，时刻不能忘记感恩，时常要想到提起自己最感谢的人或事，学会赞美他人与保持微笑，缩短人与人之间的距离，通过彼此互动，来培养感恩之心。

身处在这个幸福的伟大时代，我们还应感恩我们的社会。社会的发展强盛是我们永远的追求，报效祖国是我们奋力前行的方向。祖国给了我们一切：我们的家园，我们的教育，我们的生活，我们成长的舞台，我们发展的空间，我们幸福的家庭……在我们成长的道路上，不知有多少人坚守在自己的岗位上为我们的将来努力奋斗着，在我们发光的舞台上，不知有多少人陪伴在左右与我们并肩前行共同创造着繁荣昌盛的时代。

作为父母，一定要让孩子明白，在把孝心献给父母，把敬心献给老师，把诚心献给朋友的同时，要将孝心和爱心延续，要将忠心发扬，将进取心和事业心增强，以一颗感恩的心，来回报社会，献身祖国。也可以通过相关的社会实践活动，关注贫困山区的发展，培养孩子高尚的社会理想和正确的人生观、价值观。

责任感是一种对社会的真诚态度

责任感是一种高尚的道德品质，是人对自己的言行持认真负责的态度。是对社会的一种真诚承诺。责任感一旦产生，就会成为一种稳定的个性心理品质，可以有效地提高学习积极性，自觉加强意志锻炼，促进个性的全面发展。

孩子的责任感是从对具体事物产生喜爱开始的，表现为他对所敬爱的人交给的任务有责任感，面对其他人交给的同样任务没有责任感；对他爱做的事有责任感，对他不爱做的事没有责任感。以后发展为对自己说过的话，对自己应该完成的任务负责，对同伴、对集体负责。到青少年时期能形成更抽象、更概括的责任心，对单位、对国家和人们的负责。

培养责任感应当从幼年时期开始，从孩子懂事起，家长就可以注意着手培养。例如，可以让孩子做自己力能所及的事，做一些简单的家务，首先让自己负责自己。入学以后，可以让他们帮助邻居分发报刊、信件、完成学校老师委托的任务等。孩子只有在经常受到委托，为他人或集体做些有益的公益性劳动时，通过自己的劳动获得肯定的评价，在产生满足和愉快的内心体验的过程中，才能培养起强烈的责任感。

有一位德高望重的教师，曾谈到他的"育儿观"："我很少过问孩子的学习成绩，我只要知道他有兴趣，肯用功就够了。但是，对于他的习惯，为人处事，我是一点也不敢马虎。"他谈到在德育方面的教育以责任感为最重要。如果一个人连起码的对父母、对朋友、对子女、对社会的责任感都没有，那么，这个人肯定要走向犯罪。

有许多家庭正是在培养孩子的责任感方面没有注意，造成了不良后果。例如孩子的任性、自私、冷漠、自暴自弃、意志薄弱等不良习惯，都与缺乏责任感有关；而在孩子身上产生的压抑、自卑、消沉、自我封闭、过度敏感等消极状态，又都可能与父母在孩子身上滥用责任感有关。所以，一个人，当他具有了相应的能力，就要对某些事物负责，孩子成长到一定的时期，就应当具备责任感。责任感是他安身立命的基础，需要父母下大功夫，从小培养。

那么，培养孩子的责任感，具体要从哪些方面做起呢？

首先，要尽量让孩子的事情自己做，锻炼孩子独立做事的能力，要教育孩子对自己的事情负责。凡是孩子力所能及的事，例如穿鞋、穿衣、刷牙、洗手等都要他自己去做，家长不要全部都包办代替，使他们产生什么都不管，什么都不负责的心理。

其次，要让孩子知道，光做好自己的事还不够，还应该协助家里做一些事，在学校帮助老师做一些事，让他们从小懂得，家里的事或集体的事，每人都有一份责任。比如，阴天天气，可以嘱咐孩子在下雨时将晒的衣服收进屋内；晚上临睡前，可以让孩子帮着检查门窗、煤气，看是否关好等。

做父母的还要适当地让孩子知道一些家庭的困难之处，让他们产生一定的责任心理。

再有就是要树立起他们勇敢承担责任的态度，在孩子闯祸或犯错误时，能有“我要怎么来补偿?”的心理，而不是用推诿的态度来对待，尽找一些客观原因说：“那不是我造成的。”只要是孩子独立行为的结果，就要鼓励孩子敢作敢当，不逃避责任，勇于承担后果，家长不要一味替他承担一切，以免孩子丧失处事为人的责任感。这种做法是不利于孩子成长的。

四　塑造孩子乐观积极的性格

——多一分好性格，就少一分坏情绪

人的性格多半是天生的，但它因后天成长环境的影响，具有可变性。具有不同性格的人，对待相同的事物会持不同的态度和立场，这主要是由不同性格所产生的不同性情和情绪而引发的。好性格引发好情绪，坏性格引发坏情绪，我们主张从孩子起就培养他的积极乐观的性格就是源于这一点。

引导孩子克服懒惰心理

任何成功都离不开勤奋，一个人的智商再高，但他懒于做事和奋斗，最终他也将是一事无成。

曾国藩是中国历史上最有影响力的人物之一，但他小时候天赋却不高。一天夜里，他正在读书，有一篇文章重复读了多少遍了，还没有完全背下来。这时候他家来了一个贼，潜伏在他的屋檐下，希望等读书人睡觉之后捞点好处。可是等啊等，就是不见读书人睡觉，还是翻来覆去地读那篇文章。贼人大怒，跳出来说，“这种水平读什么书？”然后将那文章背诵一遍，扬长而去！

贼人是很聪明，至少在背诵上比曾国藩要聪明，但是他只能成为贼，懒惰是一种好逸恶劳，不思进取，缺少责任心，缺少时间观念的心理表现。小学生的懒惰表现尤为突出。在素质教育过程中要求培养学生多方面的能力和素质，而懒惰心理就像一道城门，打不开它，提高素质、能力将无从谈起。

在生活中，常听有些父母抱怨，我的孩子懒啊，懒得无药可救啊。那么，为什么我们的孩子懒呢？

现代社会充满竞争，懒惰的人在当今社会是没有立足之地的，你可以没有文化，但你不能不勤快；反之，你有文化，但懒而不愿干，也成就不了什么大事。

懒惰是一种心理上的厌倦情绪。它的表现形式多种多样，包括极端的懒散状态和轻微的犹豫不决。生气、羞怯、嫉妒、嫌恶等都会引起懒惰，使人无法按照自己的愿望进行活动。

从思想上看，懒惰的孩子没有追求效率的意识，完成任务的紧迫感不强，抱有明日复明日的想法。明知道这件事应该今天完成，却总期待着能够明日去做。懒惰的孩子依赖别人的思想比较严重，有了问题，不是依靠自己的努力去解决，而是总想依赖别人。这样的孩子，在学习上自然也有惰性，学习成绩自然不如其他同学。

从某种意义上来说，思想的懒惰必然导致行动上的懒惰。懒惰的孩子明明知道某件事应该做，甚至应该马上做，可却迟迟不做。做事时总是懒懒散散、拖拖拉拉。按照学校某些规则的要求，做事应该善始善终，但懒惰孩子总是虎头蛇尾。

懒惰的孩子表现为优势兴奋中心在于生理性需要上，不随意注意突出，随意注意不持久，随意后注意成长缓慢；动机上表现为唤起行动的始动功能不强，将活动引向目标的指向功能不强；意志品质上表现为自觉性差，果断性不够，自制性比较弱，坚韧性缺少；在兴趣上表现为兴趣的情绪化倾向明显，指向性不稳定，动力性比较弱。

做父母当然希望自己的孩子是一个勤劳的人，而不是一个什么都不愿做的懒惰的人。如果你的孩子在习惯上存在惰性，可以按着以下方法帮助他改进：

1. 在意念上牢固树立劳动光荣的观念

父母应经常给孩子讲一些耳熟能详的热爱劳动、勤奋工作的人的故事和有关勤劳的童话故事，告诉孩子劳动是一件无上光荣的事情。

2. 让孩子完成一些力所能及的事情

父母应该经常让孩子在家里主动干一些力所能及的事情，比如打扫卫生、整理自己的东西，洗自己的衣物。在学校认真完成值日，不依靠别人，积极参加学校组织的各种劳动和社会实践活动，锻炼孩子的意志，磨炼其耐力。

3. 帮助孩子养成按计划做事的习惯

身为父母要帮助孩子制定合理的学习计划，并鼓励孩子坚持执行。

所有各科作业都严格按老师规定的时间保质保量地完成，逐步让孩子养成当天作业当天完成、当天的事情当天做完的习惯，改掉做事拖延的毛病。

4. 让孩子保持乐观的情绪

一般情况下，遇到挫折时，生气是无能的表现。正确的做法应该是冷静地查找问题出在哪里，或是自我解脱，或是与别人商量，哪怕争论一番对解决困难都有益处。这个过程带来的喜悦能使孩子更加积极进取。

此外，父母可以教育孩子以榜样为力量，以发奋努力最终做出巨大成就的名人名家为榜样，激励孩子学习和模仿他们的行为，树立远大的人生目标，并依靠自己的勤奋刻苦去实现这个目标。这样，就可以让孩子养成勤奋刻苦的习惯，从而远离懒惰的不良习惯。

总之，克服懒惰，正如克服任何一种坏习惯一样，是一件很困难的事情，但是只要你决心战胜懒惰积习，在实际的生活学习中持之以恒，那么勤奋的美德也是可以养成的。

帮助孩子培养独立自强的性格

实践证明，缺少独立自强精神的孩子，很少有出人头地的。有个电影叫《狐狸的故事》，里面讲：

有一群小狐狸稍稍长大后，狐狸妈妈便“逼”他们离开家。曾经很爱孩子的狐狸妈妈忽然像发了疯似的，就是不让小狐狸们进家，对想回家的狐狸又咬又赶。非要把它们都从家里撵走，最后小狐狸们只好依依不舍地去开始自己的独立生活。

多么冷酷的心理断奶！但这又是多么理智的生存教育啊！身为父母也应该像狐狸妈妈对待小狐狸那样来对待孩子。这会让孩子一生受益。

纵观古今中外，很多伟人都有独立自主的个性。他们之所以有这样的个性，与父母从小的教育是分不开的。

美国前总统约翰·肯尼迪的父亲从小就注意对他独立个性和精神的培养。

一天，他赶着马车带儿子出去游玩。在一个拐弯处，因为马车速度很快，猛地把小肯尼迪甩了出去。当马车停住时，儿子以为父亲会下来把他扶起来，但他看见的是父亲正坐在车上悠闲地吸烟。

儿子大喊道："爸爸过来扶扶我。"

"你摔疼了吗？"父亲有些心疼地问。

"是的，我感觉好痛好痛。"儿子带着哭腔说。

"那也要自己站起来。"父亲语气有些生硬地说。

儿子只好挣扎着自己站了起来，摇摇晃晃地走近马车，艰难地爬了上来。

父亲摇动着鞭子问："你知道为什么让你这么做吗？"

儿子摇了摇头。

父亲郑重地说："人生就是这样，跌倒、爬起来、奔跑，再跌倒、再爬起来、再奔跑。在任何时候都要全靠自己，没人会去扶你的。"

无独有偶，教育家陶行知也这样说："让孩子出自己的力、流自己的汗、吃自己的饭才是英雄汉。"父母应该知道，孩子总有一天是要独立的。如果理智一点考虑问题，自从生下来那一刻起，孩子就是一个独立的个体了。如果孩子不能独立，其后果是极其严重的。

在人生旅途上，有时孩子确实需要别人的帮助。但如果将别人的帮助当成了一种依靠，就势必会形成一种懒惰的习惯。对于一个杰出的人来说，他的选择是："舍弃依靠，自己去奋斗。"

这是成功的重要因素，父母要想让孩子成为对社会有用的人才，不仅要开发其智力，让其掌握足够的知识，更重要的是要培养他自立自强的能力。特别是要：

1. 信任孩子

随着孩子的成长，给他越来越多的自由和控制自己生活的权利，这一点是很重要的。父母可以先在一些小事上给孩子放手，给孩子作决定的自由，然后，再将他们可以作决定的事情范围不断扩大。随着孩子年龄和能力的增加，父母可以让孩子做一些难度更大的工作，从而使孩子有了完成任务的骄傲感，更加自信和自律。这一点对于现代独生子女的父母来说，的确很重要。给孩子一定的自由，表明信任和尊重孩子，孩子也会因此更加尊敬父母、爱父母。事事都包办代替的父母，显然不是好父母，这样只能害了孩子。

2. 尊重孩子的想法

在保证安全的情况下，父母应允许孩子错误地选择或实践自己的想法。父母可以保留自己的想法，如果孩子发现自己的想法错了，父母应对孩子发现更合理的事物而表示欣赏，如果孩子的想法正确，父母应承认和修正自己并欣赏和肯定孩子，重视和允许孩子的想法，这有助于孩子正确世界观的形成。

随着孩子的不断长大，孩子很快进入了人生大改变的时期，生理变化，思想变化的“临界点”。这时父母不应再扮演强大保护者的角色，而是友好的陪伴者。父母有时也可以放弃自己的观点，听从孩子的意见，父母可以像对待成人那样和孩子平等协商地解决矛盾。所以，随着孩子的成长，父母要有改变交流方式的准备，平等地与孩子交流。有些事情孩子并没有经验，此时父母需要用引导、探讨的方式解决与孩子间的问题。

自立的孩子，才能为自己的人生负责。坐享其成是人生中最没有意义的事，这会使孩子没有机会去经历他们自己的成功和失败，因为真正幸福来自于自己的努力。所以，父母要及早让孩子做自己命运的主人。

父母要想让孩子成为对社会有用的人才，不仅要开发其智力，让其掌握足够的知识，更重要的是还要培养孩子自立自强的能力。

培养孩子的优良个性

一个优秀的人才，不能是个另类人物，但不能没有一个优良的个性，优良的个性是不从众，不跟风，有主见。

英国前首相温斯顿·丘吉尔是一个富有传奇色彩的政治家，而成就他精彩传奇生涯的，正是他从小就养成的良好个性。

小时候的丘吉尔天真可爱，却没有耐心，不愿意静下心来啃那些枯燥的拉丁语和自然科学的公式、定理。对于历史和哲学，他的兴趣也不大。后来，他勉强及格，跻身于专门培养英国贵族和有钱人家子弟的哈罗公学。可是在这所学校里，他的成绩还是很差，不见好转，被列为学习成绩最差的孩子之列。好在这所公学对英语写作比较重视，所以他才勉强学完了该校的课程。

因为学习成绩差，丘吉尔曾被学校老师多次警告，可是他的父母却认为，他的智力优良，有优秀的英语写作和演讲能力，考试的分数不能说明什么问题，如果他的所学与他的特长相符，他将来一定有所作为。于是，他的父母丢掉贵族家庭的包袱，把他送进了桑赫斯特军校当了一名骑兵士官生。

桑赫斯特军校是一所极普通的士官学校，有身份人家的孩子是不会上这样的学校的。但在这个上流社会子弟们瞧不起的地方，出身于上流社会的丘吉尔如鱼得水。军校毕业时，丘吉尔的成绩在班上名列前茅。

丘吉尔的父母是有远见的父母，他让孩子选择了普通的士官学校，让其发挥自己的独特个性优点，从而让孩子信心大增，对美好生活鼓起风帆。

如今，越来越多的父母意识到，孩子一生中起主导作用的不是智力，而是他们的创造力、社会技能、语言表达能力、适应能力等各方面的素质，也就是“个性”。那么“个性”到底指的是什么？怎样才能全面和谐地发展孩子的“个性”呢？国外心理学家经过反复的测查和验证，发现要具备五个方面的要素，具体如下：

1. 认真尽责

这包括三个方面的内容：认真、负责和勤奋。

2. 良好的情绪

包括情绪稳定、自信、适应性三个方面。

3. 求新求异性

求新求异性包括求新、兴趣和学习。

4. 外倾性

外倾性包括三个方面：社会交往能力、领导能力和果断性、活动性。

5. 随和性

它也包括三个方面：热心、善良和诚实。

以上几方面就是人的全部个性的具体表现，所以，培养孩子全面、和谐卓越的个性，就是要培养具有一定的外倾性，人际关系好，认真负责而又刻苦努力，情绪稳定而善于适应环境，求新求异，聪明敏捷的孩子。

每一个孩子都有自己的个性优点，也都有缺点，培养孩子优秀的个性，就是让孩子发挥个性的优点，改掉或避免个性的缺点，而不是限制孩子个性的发展。

培养孩子优良的个性有如下方法可以借鉴：

1. 将“尊重”和“平等”放在首位

真爱孩子，应该将“尊重”和“平等”放在首位，父母要耐心地倾听孩子们诉说的痛苦和烦恼，真诚地与之交谈。渐渐地，孩子的独立性就会一点点增强，和爸爸、妈妈成了相互信赖的知心朋友。真爱孩子，还应让他们在复杂纷繁的人际交往中学会合作与处事的本领，勇于面对挫折与失败。父母不仅要使孩子具有健康的体魄，更要塑造孩子健康的个性。

真正的父母之爱，和谐的教育氛围，会像涓涓细流滋润着孩子幼小的心田，使他幸福地成长为具有健康的人格和心理的一代新人！

2. 鼓励孩子积极参加丰富多彩的实践活动

一个人对客观现实的认识是在其生活实践中发生的。孩子正是通过学习、劳动、文体、科技、团队及社会公益等各种活动认识事物并深受陶冶的。由于孩子有精力充沛、爱好活动的特点，父母更应该对他们的实践活动进行有效的管理，从而使他们在有益的、丰富的实践活动中培养完美的人格。

3. 营造良好的家庭环境和文化氛围

心理学家认为，家庭教育模式以及社会环境，对孩子个性形成有着极其重要的影响。比如一个喜欢惩罚孩子的母亲会使孩子产生恐惧与畏缩的反应，由于这种行为的持续并广泛化，以致孩子长大后，害怕周围的人并表现为孤独个性。因此，父母要重视良好家庭环境的营造，以创建有利于孩子卓越个性形成与发展的良好氛围，给孩子营造一片自由锻炼的空间，努力为他们提供丰富多彩的锻炼机会。

4. 培养孩子上进的个性

很多人把自己的成功或失败归咎于运气，但对于力求上进的人来说却更相信自己的努力。上进心强的人会主动去寻找成功的机会，有自强不息的精神和积极向上的心态，所以，他们大多数人容易成功。

希拉里·克林顿是原美国的第一夫人，她的丈夫是美国的前总统，她的杰出智慧和好强个性，丝毫不逊色于她的丈夫比尔·克林顿。在担任第一夫人期间，她就以自己强悍、干练的个性给了丈夫许多帮助。

希拉里在大学期间就是个不平凡的人物，她曾是学校反对派领袖之一，领导学生与学校一切不合理的制度作斗争。在丈夫竞选总统期间，她所起的作用是举足轻重的。当她与她的丈夫从白宫里走出来后，她依然坚持着自己的政治抱负，她历经磨难，凭着自己卓越的才能和好强的个性，在男人一统天下的政坛中脱颖而出。2002 年她成功当选为纽约州参议员，能取如此巨大的成就，都归功于她好强的个性。

培养孩子乐观积极的性格

乐观和积极是无形的，但它是有力量的，而且乐观积极的力量又是超乎想像的。它可以使你的心灵永葆青春，使你的生命光彩夺目，使你的周围洒满成功的阳光。从小培养孩子乐观积极的性格是保证他在未来的事业和人生取得成功的重要因素。

宋明是个初一的学生，聪明可爱，有礼貌。但有一点不好，就是他一旦遇到困难或者不开心的事情时，总是表现得非常悲观和消极。

有一次，宋明数学测试考了 99 分，那 1 分是因为一道计算题的最后一步计算错误丢掉的。这原本也不是什么大事，可宋明却一直耿耿于怀。他觉得自己的成绩越来越差，这样父母该有多伤心啊。

宋明还想："如果我的成绩继续这样降下去，那么中考一定不能考上好学校，又怎能考上大学呢?"回到家后，宋明显得闷闷不乐。父亲发现了他的情绪不对，便细心地询问，宋明说出了自己的忧虑。父亲耐心地开导他："一次小小的失误不代表什么，要乐观一些。"可是宋明根本听不进去，一味沉浸在那 1 分的失误中不能自拔。

乐观是一种优秀的品质，它可以使人看到事情积极的一面，并期待最佳结果。乐观是孩子对未来充满信心和希望并不断进取的保证，乐观的性格是孩子在人生路上对抗失败和挫折等负面影响最有利的武器。

乐观的孩子即使在最坏的境遇里也能看到和享受自己拥有的东西，从而获得快乐的情绪体验。而悲观的孩子即使拥有许多东西，却只关注自己所没有的。因此，在生活中我们可以发现，许多乐观的孩子也许并没有什么过人之处，相反，许多悲观的孩子却常常拥有许多同龄孩子没有的东西。因此，一个人的性格是乐观还是悲观与他所处的环境是没有什么必然的联系。

一个乐观的孩子即使身在牢笼也依旧能看到自己拥有的东西。

在法西斯肆虐的年代，一位犹太诗人蒙冤入狱。虽然他失去了人身自由，但是他却活得非常乐观。他每天通过囚笼里那个小小的窗户观望日月星辰，生活得非常开心。监狱长知道后，又把仅有的窗户也给封上了。可这并未使诗人悲观失望，他说无论怎么样，我的心都是自由的。

乐观是孩子取得成功的重要条件之一。当孩子在学习和生活中遇到困难和挫折时，如果用悲观的态度来面对，就会情绪低落、失去进取心，没有对抗挫折和失败的信心和力量；如果用乐观的心态来面对，他们就会对未来充满希望、努力进取，直至成功。

如果孩子能够及早意识到没有人的生活是完美且没有任何瑕疵的，那么他就能够变得更加乐观一些。悲观的孩子只是盯着自己生活中所缺少的，而不去关注自己所拥有的东西；而乐观的孩子却享受自己拥有的东西，并通过自己的努力去改变生活中的不足。这样结果就是，乐观孩子的生活总是越来越完满，而悲观孩子的生活却越来越不理想。因此，父母应该努力帮助孩子形成积极乐观的性格。具体说，父母可以从以下方法入手：

1. 培养孩子乐观的心态

乐观的心态与孩子拥有的东西没有关系，如果教养得当，任何孩子都可以拥有乐观的心态。乐观的心态可以使孩子更加关注事物美好的一面，对未来永远充满希望，对生活充满信心，从而使得他们生活得更愉快、学习起来也更积极有劲头。

平时在生活中父母要以身作则，遇到困难或者不如意的事情时要以乐观的态度面对。例如下班回来遇到大雨挨了淋，不要在孩子面前抱怨，告诉孩子雨中漫步的感觉也不错，平时孩子遇到困难或者挫折时也应该指导他们看到事物积极的一面，培养他们乐观的心态。

2. 指导孩子用正确的心态对待批评和挫折

7 岁的亮亮放学回家后，把书包往沙发上一放，便坐在那里发呆。妈妈注意到了孩子的情绪变化，便走过来细心地询问。原来亮亮今天上课时跟同桌借橡皮被老师误认为是不认真听课，他觉得很委屈。妈妈便开导他："准备文具是每个学生必须在上课前做好的事情，而你并没有。"亮亮听了之后，认识到自己的错误，并表示明天会主动向老师认错。

当孩子遇到困难或者失败时，父母应该指导孩子朝着积极的方面进行归因，例如下雨了没带伞，孩子可能认为自己倒霉，但是父母可以提醒他们："早晨看过天气预报后，知道有雨，让你带伞你却没带，所以是你自己不细心，不是倒霉。"

3. 允许孩子合理发泄

任何人遇到挫折或者失败时都会有一些消极的情绪体验。心理学家认为，适当、合理的发泄有助于孩子淡化这种消极情绪，从而更加关注如何解决难题。

当孩子遇到困难或者挫折时，父母应该引导他们进行合理的发泄，例如告诉他们可以大哭一场或者写日记进行倾诉，但是注意这种发泄不能影响到他人。另外，父母还应该鼓励孩子哭完后擦干眼泪想想如何解决困难。

4. 多对孩子进行愿景教育

孩子对未来充满希望，觉得自己即将开始的是一种更美好的生活，那么孩子便会乐观开朗。父母应该注意对孩子进行希望教育，让孩子对未来充满期待和向往，引导孩子憧憬美好的未来。

马跃是一个乐观、积极的小男孩。

一天，他独自一人哼着歌背着比他的背部还宽大的画板去培训班上课。邻居见了便问他："马跃，是不是刚从培训班回来啊？"马跃说："我正要去上课。"邻居非常疑惑，"为什么你能这么开心地去上课？"马跃说："因为绘画课非常有趣，绘画也让我觉得未来很美好。"

事实上，孩子的情绪非常容易受到他人的影响，父母应该及时察觉孩子的情绪变化，为他们驱逐内心的阴影，引导他们看到自己的进步和成绩，引导孩子憧憬未来，热爱生活，对前途充满希望。

5. 丰富孩子的业余生活

父母应该鼓励孩子在业余时间多阅读一些中外名著，让孩子在增长见识的同时受到书中人物形象的积极影响和启迪，保持对生活的乐观态度。父母还可以鼓励孩子多参加一些有益的课外活动，支持他们多与同龄人接触，让孩子在各种活动中体会到生活的乐趣，培养他们积极乐观的性格。

6. 让孩子与悲观说"拜拜"

悲观是一种不良情绪，严重的还会影响孩子的身心健康。孩子的心理发育还不成熟，很容易因为一件不如意的事情而陷入悲观情绪之中。对此父母要擦亮眼睛，及时发现孩子的悲观情绪，正确地引导他们从悲观中走出来，这样才能更好地培养他们乐观积极的品质。

父母要避免自身的行为造成让孩子冷漠的氛围

行为冷漠的孩子会给人以不易接近的感觉，那么，身边的人就会对他敬而远之，孩子会觉得孤单，性格也会越来越孤僻怪异。父母要有意识地帮助冷漠的孩子变得热情起来。

冬冬本来是个聪明好动的孩子，可因为爸爸妈妈最近老是因为一些事情吵架，这让他感到很厌烦。于是每次放学后他都不爱和爸爸妈妈说话，总是把自己关在自己的小屋里，做完功课便蒙头睡觉，以免听到父母的吵架声。在学校里，看到同学们开心地玩耍却怎么也开心不起来，偶尔听到同学谈起自己父母的好，羡慕的同时冬冬感到了深深的无奈和自卑。

在这种消极心理的驱使下，冬冬变得沉默寡言。他木然的表情和拒人于千里之外的冷漠使同学们感到他不易接近，纷纷对他敬而远之，这更使他觉得孤独无助，认为在这个世界上没有人能理解和接受自己。

时间一长，他无论做什么事都独来独往，然而心中的冷漠和孤独却时时刻刻在折磨着他，他的成绩也不断下降。

冷漠多表现出对其他人和事物漠不关心或无动于衷的态度，这是孩子的一种复杂而隐蔽的心理反应，通常是在孩子遭受到挫折和困难却无力解决的情况下发生的。孩子心智还不成熟，更需要来自各方面的关注和尊重，一旦这种需求得不到及时满足，他就会觉得看不到人生的希望，没有真正的朋友，孤寂凄凉的心态也就会随之而来。

生活中，父母总爱抱怨自己的孩子缺乏责任感、冷漠，不懂得关心他人，但是却很少思考是什么原因导致孩子的自私与冷漠。孩子出现冷漠的情绪与缺乏责任心有关，父母对孩子加倍呵护，从不让孩子自己做事，何谈培养他们的责任感呢？

很多孩子都生活在几代人的溺爱中，他们习惯了坦然接受来自各方的爱，而不懂得去爱别人，这与父母把爱无私地给了孩子却忽视了教育孩子去爱别人有关。久而久之，孩子就会心安理得地认为别人爱自己是应该的，但是自己却没有责任去对别人好，于是逐渐变得冷漠起来。

冷漠是孩子的一种不良情绪，它让孩子无法体验关爱别人的幸福感，也无法品尝到关爱别人的快乐。他们不仅自我奋斗的愿望淡薄，而且推诿、推卸、推脱的习惯也甚为顽固。

这对孩子的身心健康发展和良好的人际交往都极为不利，这样的孩子是无法适应社会发展的，父母要意识到冷漠带给孩子的危害，分析孩子冷漠的原因，帮助孩子走出冷漠的桎梏，还孩子热情的本来面目。

每位父母都希望自己的孩子能够受到别人的欢迎，这就需要父母从生活点滴中用合理的方式来改善孩子的冷漠态度，帮助他们树立良好的心态和品格，为孩子在社会上的顺利发展，奠定良好的情绪基础。

冷漠对孩子的生活和学习以及将来的工作都会造成很大的阻碍，但是孩子冷漠并不可怕，父母面对孩子的冷漠不可过于着急，但也不能漠然处之，而应该采取积极的措施来帮助孩子突破冷漠的束缚，帮助孩子解决心理障碍，让孩子远离冷漠。

为此，我们提供以下方法供父母做为借鉴：

1. 积极营建和谐的家庭氛围

家庭是孩子成长的第一环境，家庭氛围的好坏直接影响到孩子情绪的优劣。父母要尽力为孩子营建一个和谐的氛围，让孩子渴望得到重视和关注的心理得到满足。

文文是个热情可爱的孩子，也非常热爱生活。她在日记里写到自己的家庭是最幸福的家庭，因为大家都相亲相爱。有段时间文文的奶奶遭遇车祸导致无法行动了，爸爸妈妈就专门请了假，轮流在家照顾奶奶。

文文看到父母的爱心也受到了感染，她主动承担了一些家务，给爸爸妈妈减轻负担。父母看到孩子的表现也很欣慰，觉得自己的女儿是一个懂得享受爱和施予爱的好孩子。

其实孩子懂得爱和施予爱是在家庭环境的潜移默化中形成的，父母不要以工作繁忙等作为没时间教育孩子的理由。有智慧的父母要善于在日常生活中理性地培养孩子的爱心，让孩子在被爱中懂得对别人施爱，避免单向施爱和家庭溺爱。

2. 在生活中注意培养孩子的爱心

孩子表现出冷漠的一个原因是缺少爱心，是自私自利的心理让孩子不愿意付出自己的爱心，变得冷漠无情。想要让孩子远离自私自利的心理、走出冷漠的误区，父母就要让孩子认识到这是个讲究公平的社会，只有付出爱才能收获爱。

平平从小就一直在被动受着父母的娇惯，所以她对于身边发生的事情常常都持着漠视的态度，这天妈妈在楼梯间看到一只腿部受伤的小狗，小狗用求助的眼神看着平平和妈妈，但平平的脸上没有一丝怜惜的表情。

妈妈趁机问孩子如果她在外面受伤了，妈妈又不在身边，她会不会渴望得到别人的关心。平平想了想后点了点头。妈妈让平平把小狗抱回家，认真地为小狗处理了伤口。后来，妈妈又启发她如果找不着家了会不会着急，平平说会，妈妈肯定了孩子的想法，还在楼下贴了张布告，把小狗送回它主人的家。无形之中，孩子的爱心就被激发出来了。

父母要从身边的小事入手，逐步培养孩子的爱心，比如可以教育孩子给公交车上的老人让座，给需要帮助的路边乞丐钱，给身边的亲人、朋友以关爱，或者积极参与公益行动，让孩子把付出爱心看做是自己的一种责任。相信愿意付出爱心的孩子一定不会是一个冷漠的孩子。

3. 鼓励孩子多与身边的人交流

很多孩子不喜欢和别人交流，而是生活在自己的世界里，最终导致思维狭窄，不善与人交际，变成冷漠的人。因此，让孩子经常与别人交流，对克服孩子的冷漠心理有十分重要的作用。父母要鼓励孩子多与别人交流，也要给孩子提供认识不同人的机会，让孩子在和其他人的接触过程中，了解其他人的情感和性格，给予别人关注，就会使自己的情感变得丰富起来，自然就会远离冷漠了。

父母可以带孩子多出席一些聚会，让孩子多和开朗的同龄人接触，也可以邀请孩子的同学、朋友来家做客，这样就会扩大孩子的视野和交际范围，孩子的性格变得活泼开朗，冷漠也就随之而去了。

4. 帮助孩子树立美丽可行的目标

当孩子有了自己喜欢的目标时就会感到激情澎湃，充满热情，可是碰到棘手的挫折和困难时就会变得冷漠起来。父母要鼓励孩子积极地看待挫折和困难，努力找回最初的热情。为目标而努力的过程就是帮助孩子走出冷漠，回归热情的过程。

每位父母都希望自己的孩子能够受到别人的欢迎，这就需要父母从点滴生活中用合理的方式来改善孩子的冷漠态度，帮助他们形成良好的心态和品格，为孩子在社会上的顺利发展，奠定良好的情绪基础。

善于培养自己良好的情绪

始终保持一种良好稳定的情绪，是一个人非常重要的品性之一。良好的情绪可以提高大脑和整个神经系统的活动，有益于孩子的健康成长，更有益于孩子良好性格的形成。孩子如果经常处于一种积极乐观的情绪中，就会形成活泼开朗、善良、富于同情心的性格特征。那么，如何培养孩子这样一种稳定和良好的情绪呢？

首先，家长要正确理解怎样做才算是对孩子真正的爱，要理智地去爱孩子，满足孩子合理的要求，而不是过分的溺爱和无原则的迁就。

对孩子的保护和帮助是必要的，但不能过分。只要不是太危险的事就应该让孩子去做，去尝试。生活中，更多地家长常常觉得应尽量满足孩子的要求，让孩子快乐幸福。但如果让孩子长时间生活在一种特别幸福的空间里，孩子对幸福的感觉就会越来越压抑，逐渐变得畏缩、停滞不前。

其次，让孩子有提出合理要求的权利。当然，孩子年龄小，判断和选择的能力都是很弱的，家长可以帮助孩子分析，引导他做选择，这样可以保护孩子的自尊心、自信心，使孩子的主动性、积极性得到很好发挥。这里特别要强调，家长在培养孩子的兴趣方面一定要尊重孩子的选择，只有这样，这种兴趣才能成为孩子真正持久的爱好，为活泼开朗的性格提供精神动力。

要调动孩子积极的情绪必须注意调整孩子的心态。孩子年龄小，自我控制能力很弱，自我调节能力也很弱，家长要教给孩子学会调节自己的情绪，保证孩子心情舒畅。特别是当孩子遇到困难时，别忘了要引导他以积极的态度去克服。

孩子不良情绪产生的原因，许多是因为他们的合理诉求得不到满足造成的，因此，要孩子养成一种良好情绪的状态，要保证让孩子有提出合理要求的权利是要父母考虑的一个重要方面。

此外，应根据孩子个体情况有针对性地进行教育。好动、好奇、好模仿是孩子们性格的共性，但每个孩子仍有个人的性格特征，所以家长要注意分析自己孩子的性格特点，有针对性地做工作。

如果孩子自控能力较好，但行动畏怯，就要多肯定他的成绩，培养他的自信心，激发他活动的积极性；如果孩子不专心、难于安定，就要培养他专心、认真、耐心做事的习惯；如果孩子反应迟缓、沉默寡言，就要鼓励他多参加集体活动，引导他多与其他孩子交往，提高他参加各种活动的能力。

总之，活泼开朗的性格不是一朝一夕培养出来的，家长应从日常生活中的点点滴滴做起，创造条件，努力促使孩子良好性格的形成。以保证让孩子能始终处在一种良好情绪当中。

注重乐观性格的培养

做父母的人都知道乐观与沮丧、悲观和忧虑是截然不同的两种性格和态度。具有乐观性格的人对生活对目标更充满热爱和信心，也更容易成功。

快乐既是一种健康的情绪，也是一种性格。快乐的心情有起有伏，而快乐的性格比较稳定。快乐的性格可以通过以下途径来培养：

让孩子懂得，与人和睦相处、与人关系融洽是快乐的一个重要条件。父母不能完全支配孩子的社交生活，但却可以引导他们如何与人相处。父母可以尽量安排孩子常与别的孩子一起玩，如参加同龄儿童的游戏活动，或带孩子到游乐场跟小朋友玩耍，要是能随时欢迎孩子的朋友到家里来玩那就更好。父母还应该帮助孩子培养设身处地为他人着想的态度。有时候，跟孩子谈谈家里的人和事，谈谈故事或电视节目中的人物可能会有的感受，是一个不错的办法。

父母要设法给孩子提供机会，使孩子从小就知道怎样行驶自己的决策权。你看，孩子在家庭里，对一切事情都没有做主的分儿，小到晚餐吃什么，该看什么电视节目，大到家里要添置什么东西，是否到少年宫参加培训班，一切都是家长说了算，因而他们的童年可能并不像成人所想的那样愉快。其实，让孩子们自由地做一些选择，是培养他们形成快乐性格的一个重要方面。如听任 2 岁的孩子吃西红柿而不吃黄瓜，或让 6 岁的孩子从父母准许他看的电视节目中挑一个来看。随着孩子的长大，他就会自己决定更重要的事情，也就会更开心。

快乐的人能从很多方面得到快乐。某个孩子可能因为错过了他喜欢看的电视节目而整晚都不开心；但另一个兴趣广泛的孩子，他就会改为看书或做游戏，同样自得其乐。父母平时应注意孩子的爱好，为孩子提供各种兴趣的选择，并给予必要的引导。孩子的业余爱好广泛，自然容易拥有快乐的性格。

家庭和睦也是培养孩子快乐性格的一个主要因素。因此父母认为怎样做能令人快乐，就应该身体力行去做，而且要向孩子解释为什么他们感到快乐。专家说："缅怀以前快乐的日子并清楚地提出追求快乐是你的人生目标，是很重要的。"

通过游戏优化孩子的性格

儿童正处于感知世界的阶段，有趣健康的游戏可以给予孩子无穷的快乐，给予他们对身边事物的认知与体验，增长他们的学识，更重要的是可以培养他们健全的性格。

在游戏中，有些孩子不愿与别人分享自己心爱的玩具，由于这种不愿与人分享的心理，往往导致这些孩子在玩耍中总是不合群，难以与别人合作，久而久之容易形成唯我独尊的孤僻性格。针对这种情况，家长要注意培养孩子热情大方的品质，多组织一些集体协作性的游戏活动，让孩子学会如何与别人良好地相处。

孩子的注意力容易分散，往往一件玩具、一个游戏玩了没多久就会失去兴趣，把它们扔在一边就跑去玩别的东西。这种情形的产生除了是由于注意力不易集中以外，也有可能是由于孩子的畏难情绪，比如用积木搭房子总是搭不到一半就垮了。所以在组织游戏中，也应适当地培养孩子有始有终的好习惯，培养他们克服困难的毅力与勇气。在设计游戏时，可以对孩子提出力所能及的目标，如捏塑一只泥制的小鸭子，砌一座小城堡等，并在游戏过程中多鼓励并作适当的帮助，使孩子形成有恒心的好性格。

另外，强烈的好胜心理在孩子的玩耍与游戏中也是十分常见的，这说明孩子都有强烈的自尊心，同时他们也很希望自己在游戏中能够取得成功，能够有所成就，并得到赞扬。在游戏中，应该多以鼓励为主，让孩子做一些不太难的事情，让其有所成就，增强自信心。但是也要注意，应该让孩子学会公平地去争取成就，不应以任性去要求别人迁就，让他们明白有成功就会有失败，即使失败了也不要灰心丧气。

游戏活动是孩子获得发展、健全良好心理性格的必由之路，是向他们传授知识的重要途径和手段。没有游戏就没有孩子的童年和欢乐。游戏是孩子的一门主课，玩具是教科书，它们是孩子学习社会、了解生活、获得知识、开发智力、增进才能、强壮体魄不可缺少的一种学习活动，更是孩子身心全面和谐发展的重要手段。对于年幼无知的孩子说来，生活中的一切都需要学习，生活中的一切又是学习，因此，让孩子在快乐的游戏中培养良好的性格，将是影响他们一生的重要大事。

让孩子撑起自信的风帆

美国作家爱默生说："自信是成功的第一秘诀。"现实中，许多成功的范例也证明，有自信，才会有成功。所以要想让孩子赢在终点上，那么"起跑线"上就要鼓满风帆。

事实证明，正面教育是提升孩子自信心最有效的方法之一。一项来自日本的研究表明，经常受到父母夸奖和很少受到父母夸奖的孩子，前者成才率比后者高了5倍！

然而，在现实生活中并不是每位家长都喜欢用夸赞教育孩子，而且很多父母根本不常夸奖孩子。于是很多孩子成长在父母的否定中，自信心不强，悲观失望。而那些长期生活在父母夸奖中的孩子，会感到心情愉悦，很容易形成乐观向上的性格。

自信的孩子有战胜困难的勇气，自信的孩子才能朝成功的方向坚定不移地走下去。我们不仅要赋予孩子自信的力量，还要见证孩子如何在自信的指引下乐观地成长。

杰克·韦尔奇出生在一个普通的美国家庭，经济状况一般，父母结婚16年后才有了这个独生子。他父亲是个狂热的工作者，每天都早出晚归，主要是母亲负责杰克·韦尔奇的早期教育。

与很多母亲不同，杰克·韦尔奇的母亲对儿子的关心主要表现在提升儿子的意志与能力上，她教导儿子一切都要从自信开始，努力主宰自己的命运。杰克·韦尔奇从小就口吃，但是母亲并不在意这点，甚至还表扬他："有点儿口吃，是因为你聪明爱动脑筋，想的比说的快些罢了。"母亲将杰克·韦尔奇的缺陷变为一种激励，给杰克·韦尔奇带来了极大的自信。

杰克·韦尔奇从小就喜欢运动，尤其对曲棍球充满热爱，经常和同学到其他城市参加比赛。别的孩子都要父母陪着才肯出远门，可杰克·韦尔奇的母亲早就认为儿子是大人了，于是鼓励他独自去参加比赛。

结果，口吃这一缺陷并未阻碍杰克·韦尔奇的发展，影响他的自信。美国全国广播公司新闻部总裁迈克尔甚至开玩笑地说："杰克·韦尔奇真行，我甚至希望也像他那样有点儿口吃！"

在现实生活中，有自信心的孩子才能够充分发挥长处，泰然自若，落落大方，以积极的姿态处理可能产生的各种矛盾。即使当自己处于不利境遇时，也能进行积极的自我暗示、自我鼓励，从而保持心理平衡，变不利为有利。

然而，孩子的自信并非天生具备，而是通过父母的细心激励和正面教育慢慢培养起来的。孩子能否朝着父母良好的愿望转化，取决于父母在孩子缺乏自信时所采取的态度。孩子从父母那里得到“我能行”“爸爸妈妈相信我、支持我”的暗示，他就会在行动上变得主动积极起来；否则他要么对自己的缺点漠视、不在乎，要么就是自卑、胆怯。所以父母一定要通过自己的言行让孩子相信自己能够成为一个聪明而有能力的孩子，培养起他们宝贵的自信心。

如果你的孩子不是那么优秀或者出众，比如他的相貌不够好，学习成绩不够优秀，人际交往能力不强，你是鼓励他还是打击他？要知道你的态度将决定他是自卑还是自信。

在学钢琴的孩子中，大多数孩子并不是自愿练琴的，而是出于父母的督促才不得已而为之。所以，他们的进步也很慢。但是，思思却是一个例外。思思总是说：“练琴的时候我是最快乐的，因为爸爸妈妈认真地听我弹奏，并且他们都爱听我弹。”

有一次，思思正在练琴。忽然，她觉得屋内静悄悄的，于是回头看了一下，她发现爸爸妈妈都坐在床边静静地听她弹琴，而且妈妈的眼里含着泪花。思思害怕了，忙问：“妈，您是怎么啦？我哪里做的不好吗？你怎么哭了？”爸爸笑着说：“不，是因为你弹得太好了！爸爸和妈妈在你的琴声中获得了感动，于是情不自禁地落泪。你的琴声把我们一天的疲劳都赶跑了，听你弹琴是最快乐的事情。”思思说，我都没有想到原来琴声有如此大的魅力。

让思思引以为傲的远不止这一件小事。有一次，思思家来了客人，妈妈建议客人坐下来听思思弹琴，还轻声对客人说：“瞧，我女儿弹得真棒！听她弹琴是一种享受！客人听了一会儿，也称赞道：“真没有想到，中国未来最伟大的音乐家就孕育在你们家！”思思听了，心里甭提有多美，心中自信满满！

思思妈妈的教育方式是否能给我们以启发呢？鼓励和赏识能够扬起孩子自信的风帆，是激发孩子兴趣最好的方法，在孩子对某件事萌发兴趣时，父母和老师不应是挑剔者，而应该是会喝彩的观众。

因此，在让孩子增强自信的同时，还要让孩子明白自信很重要，但不能自傲。自傲同自信是不同的两个概念和表现，自傲的孩子不见得有自信，我们更应该注意孩子盲目自傲背后所隐藏的某些缺欠与不足。

程功是初三学生，也是全年级组的学习尖子，为此，他在人前人后总是一副自信满满的样子。有一次，学校组织心理综合测验，试卷一发下来，程功看到试卷上头一行写着“请先认真看完所有题目，再开始作答”，程功对此不屑一顾，心里想：“这是惯常的提示，考试凭的是实力，以自己的能力，大约30分钟就可以做完，我还是直接作答的好，这样可以节省很多时间呢！”所以程功满怀自信地提笔作答。

但是仅过了5分钟，就有人满面笑容地交卷了，程功心中暗笑：“又是交白卷的家伙。”再过10分钟，又有七八个人交卷，同样是笑容满面，程功觉得他们不太像是交白卷的模样，心中开始有些不安。再看看自己，只答了十几道题而已，于是连忙加快速度。一阵埋头努力后，程功赫然发现第八题后写着“本次考试不需作答，只要填写姓名即可交卷，多答一题多扣一分。”程功看着试卷第一行的说明：“请先把所有题目看完之后，再开始作答。”他不禁痛恨自己答题的盲目。

其实，程功错误的根源不是他盲目答题，而是因为他太过于自傲，才导致盲目。家长要告诫孩子，自视过高，忽略了别人的规劝，往往会给自己带来麻烦。只有戒骄戒躁，谨言慎行，才有可能取得好成绩。不听从规劝而盲目行事，是会让成功和自己渐行渐远的。

孩子的成长不可能只是坦途与鲜花，有时也会有坎坷与荆棘，自信是每个孩子走向成功的重要因素，但是家长一定要帮助孩子正确区分自信与自傲，不能让孩子走偏、走错，帮助孩子建立强大的自信心，才能让孩子受用一生。

法国教育家卢梭曾经说过："自信心对于事业简直是一种奇迹，有了它，你的才干才能取之不尽，用之不竭；一个没有自信的人，能力再强，也不可能抓住机遇。"自信心对于任何人来说，都是非常重要的，对于孩子来说，更是如此。所以，父母一定要格外注意帮助孩子建立自信心。

始终树立自己是最棒的心态

自信在成才中是非常可贵的非智力因素。

日本某能力开发研究所所长坂本保之介，在少年时并不出众，但受父亲的激发、鼓励，增强了自信。他从自己成功地创办能力开发研究所的经验中，证实了激发对培育自信心的重要作用。坂本保之介上初中一年级时，成绩位居全年级500名学生的第470名。他十分厌学，贪图玩耍，一直被看做是脑子笨的学生。他的父亲却善于激发儿子的自信心，他有意识地对儿子加以培养。利用下棋的机会，教儿子下棋的规则，还故意输给坂本。

此时，父亲鼓励儿子说："你的棋艺进展很快呀！下棋是一项非常紧张的智力活动，你没有高度发达的智力，是不可能这么快就战胜我的。"这种鼓励，逐步强化了儿子的自信心。孩子进入初二以后，成绩跃升至第20名，后来成了一个知名度很高的学者。

在平时，家长要经常提醒孩子，让他树立起“自己是最棒”的信念，有了这种信念就没有不可能和办不到的事。丧失信心时，应该心里自我暗示：“谁都有失误的时候!”自己丧失信心，一无所成。而后者则以较乐观的心情来权衡，考试失败只不过是小小的失误，若加以改进，下次照样还可以取得好的成绩，对自己并未失去信心，而是将缺点转化为日后前进的动力。前者却将自己的缺点无限度扩大，甚至把不是缺点的失误也误认为是阻碍前进的绊脚石，这样，心理压力就会越来越大，最后只能一败涂地。

家长可以告诉孩子，自己做某一件事信心不足时，可在心里大声说几遍：“我能做得到。”这样在不知不觉中就能恢复信心，产生向上的意念。这种自我暗示法，运用起来并不复杂。它能不断地给自己打气，增加斗志，并对自己有一个正确的认识，从而建立必胜的信念。

悲观主义者的可怕之处在于其真正的能力与潜力早在得到检验之前就被自己扼杀了。如果孩子迫使自己相信他是学不好的，那恐怕事实就很可能会是如此。

考试也是这样。如果孩子惶恐不安以致满头大汗地走进教室，他的大脑紧张而又发昏，而此时偏偏需要尽力回忆所学过的全部东西，那么结果可能会是：他看卷子时就已经很疲劳了；或者他在还未做题之前就已经在想考试会不及格，做不出难题之类的问题了。

一些孩子在考试时往往碰到一些真正后果严重的问题。他们头脑一片空白，手脚不知所措，一下子失去了某些能力。

一个人的心态对其心理活动有很大影响，它就像薄雾一样弥散在人的种种心理活动中。克服消极心理，培养积极心态，是学习取得成功的重要条件。学习上的成功最有利于树立孩子的自信。

那么，在日常生活中怎样使孩子树立起“自己就是最棒”的信心呢？

家长让孩子时常提醒自己，你比你想象的要好。心理学家们根据大量的调查研究指出，超常儿童和弱智儿童各占 2% 左右，95% 以上的儿童在智力发展上并没有多大的差异。你的智力并不比别人差，不要低估自己的智力，高估他人的智力，老想着自己不如别人，甚至总以不够聪明为理由放弃自己的努力。

其实重要的不是你聪明与否，而是你如何发挥自己的聪明才智，挖掘你的潜力。事实上，才智的挖掘比才智的拥有更重要。

你要让孩子相信：只有拥有信心，你才能够在集会或者上课时，勇敢地坐在前排，积极地发言，才能在平常主动地与别人交流，痛快之时开怀大笑，你的学习成绩也才能更上一层楼。

五　锻炼孩子稳定的心理素质

——过硬的心理素质是抵御坏情绪的克星

孩子的情绪受心理素质的制约，情绪与心理素质相比，情绪的产生是随机性的，有时间段的，是可控的。而心理素质经过培养与修炼会像人的性格一样，具有稳定性。情绪与心理素质相比，另一个差距是，情绪有好坏之分，而心理素质是强弱之分，提倡孩子要有极强的心理素质，其目的在于抵御坏情绪的侵扰。

面向成功，提升情商

成功教育与情商（EQ）的培养有着密切的联系。情商，即人对自己的情感、情绪的控制管理能力和在社会人际关系中的交往、调节能力等，属于人的精神范畴。情商与智商相比在决定人的成功上具有更大的作用。人是有情感的，人的一切行为包括智力状态总会受到情感的笼罩。

一般来说，高情商者能够清醒地了解并把握自己的情感精神，敏锐感受并有效反馈他人情绪的变化，使自己在生活中的各个层面都占尽优势。情商决定了人们怎样才能充分而又完善地发挥自身所拥有的各种能力，包括人类的自然天赋能力。所以说，能否开发出孩子较高的情商是家长对孩子成功教育成效的关键衡量标准之一。

从实践和理论来看，情商可以从以下五个方面来培养：

1. 自我意识

美国的伟大总统之一的富兰克林·罗斯福说过："杰出的人不是那些天赋很高的人，而是那些把自己的才能尽可能地发挥到最大限度的人。"而用现在观点来看，"能把自己才能尽可能地发挥到最大限度的能力"就是情商，它是一种非智力因素。

2. 自我激励

自我激励始终贯穿于那些成功者整个奋斗历程之中。白手起家的亿万富豪徐展堂这样评价自己："我不相信命运，只相信个人努力。我订了目标便不三心二意，越困难越不放弃，解决困难成为我工作的动力。"香港"金利来"总裁曾宪梓先生在开始时也是碰壁，靠着自我激励把"金利来"做大。

对奥林匹克运动员、世界级音乐家和棋类大师的研究表明，他们的共同特征是善于激励自己去坚持极为艰苦的常规训练。

有人曾这样说："我不相信手掌的纹路，但我相信手掌的力量。是双手改变了一切。"

激励分为内部努力和外部激励。人要成功，这两方面缺一不可。我们在日常生活中也常见到，一些能力一般的人却比能力强的人更容易出成果，这主要就是由于动机激发程度的不同。

3. 情绪控制

一个成功者的成长过程其实也是一个逐步学会控制自我情绪的过程。能否有效地控制自我的情绪是一个人情商高低的重要标志。

例如，美国首富比尔·盖茨就是一位高明的情绪控制者。他提出的管理口号是"分享一切"。比尔·盖茨善于把情感效应转化为经济效益，这是他能创造惊人财富的原因之一。

做事时，理性应该是伏于感性的。特别是面对纷繁复杂的事情时，人们总是容易被假象所迷惑，所打动。这时候，你就需要理性思考、冷静思考。

4. 人际沟通

人际沟通能力在人的工作、生活、交友等过程中起着非常重要的作用。人们通过细微、甚至难以察觉的"信号"来彼此传递和获取信息。研究表明，我们越是善于体察别人的交际信号背后的情绪，也就越能善于控制本人发出的信号。心理学家罗伯特·凯利和珍妮特·卡普兰对贝尔实验室工作人员的追踪研究很能说明人际交往的重要性。能够进入这所著名实验室的工程师和科学家的学识智商都很高，然而经过一段时间后，一些人成绩斐然，另一些却默默无闻。这是为什么呢？其根本原因是前一种人有广泛的交际网而后一种人没有。当后者遇到技术难题时，他们得跟不同领域的专家联系、请教，浪费了时间还往往得不到好的结果。而前者很少遇到这种情况，因为他们在这之前就建立了可靠的

"网络"，需要某个方面的信息，只要打个电话就能马上得到回音。因此，成功与失败之间所差的只是人际沟通能力而已。

沟通能让人弥补劣势、保持优势；沟通能得到最新的有用的信息；沟通能让你心情愉快，不再有孤独感；沟通能让你得到别人的帮助……总之，沟通让人的距离更靠近。

5. 抗挫能力

一般来说，乐观的人抗挫能力比较强，悲观的人抗挫能力低。海明威说："人不是生来就要被打败的，你可以消灭他，但你不能打败他。"对于真正的强者而言，不存在失败，那只能叫挫折，而不叫失败。

是的，看看周围的成功者，哪个不是经历过无数次的失败与挫折，在低谷中爬起，在挫折中站起来，这才是英雄！失败与挫折有着本质的区别：失败包含着心理上的严重受损甚至导致精神崩溃，而挫折则是进展受阻或停顿而已。真正的强者，不会被失败打倒，因而也不存在强者的失败。有人说，成功就是一千次失败之后，一千零一次站起。在经历无数次失败之后，难免会灰心丧气。但挫折承受能力强的人，就会激励着自己又一次地站起，然后走向成功的彼岸。

总之，成功教育与情商密不可分，而事业的成功与情商高低更是密不可分。

心理承受能力强是成功者重要的素质之一

区分成功与失败人士的重要标尺之一是看他能否经受得住挫折打击。对于孩子来讲，也是如此，从小培养孩子的心理承受能力，是最应该被父母规划列入教育内容之中的一种能力！

大多数孩子还没有上学的时候，就已经学会了很多的东西，如唱歌、跳舞、弹钢琴……于是，家长和孩子的脸上堆满了笑容，孩子也以为自己是最棒的小孩。而当孩子长大了，走进了校园，才发现原来还有那么多小朋友比自己要棒很多。于是，孩子胆怯了，自信消失了！

看到孩子如此，父母的心里可能很难受。有的父母心里的着急胜过了难受，于是他们强令自己的孩子加强学习，不停地对孩子说："你看某某比你强多了，你得多学习，不要以为人家在玩你就可以玩了！""你没有人家聪明，所以你要多努力！"孩子听了心里更加难受了，不知道自己努力的方向在哪里，为什么自己不如别人聪明呢？

或许你忘记了早年刚毕业的时候，有的同学先找到了工作，而有的同学却要等很久，但是那些后来找到工作的人却从来都不是最差的。因为后参加工作的人往往会从同学的经历中学到一些经验和教训。因此，让孩子懂得经受挫折，是让孩子学会挑战自我的一种方式，而不是让孩子去争第一，或和其他人进行比较。

教孩子调试好自己的心理承受能力，在挫折中学会挑战自我，需要父母首先掌握一些行之有效的方法，比如：

1. 采取现身说法，让孩子不再畏惧挫折

有一个孩子画画的时候总也画不好，被美术老师批评后很不开心，妈妈知道后并没有批评孩子，而是带着孩子去游乐场玩，并对孩子说："你知道妈妈带你来游乐场花了多少钱吗？"孩子摇了摇头，妈妈说出了价格，然后做了几个对比"等于带你去吃十顿肯德基的价格，等于给你买五辆玩具电动小汽车的价格。"孩子望着妈妈好奇地问："妈妈，你怎么对数字那么熟悉呢？"妈妈微笑着说："这是因为我刚开始工作的时候做会计，但是妈妈并不是这个专业出身的，被领导批评了几次后，妈妈发誓一定要比那些专业出身的人做得更好。于是，妈妈就努力地学习，如今妈妈都考到了高级会计师了，所以才能有很好的薪水带着你游玩啊。"

孩子低下头对妈妈说："我也想把画画好，可惜美术老师说我没有美术天赋！”妈妈笑着说：“我上小学的时候，数学老师还说我没有数学细胞呢，你看现在妈妈的数学比谁差啊？”孩子笑了，妈妈接着说：“孩子，自信是自己给的，千万不要被别人说什么就吓倒了，你画不好没有关系，可以慢慢学，任何一次失败都是成功的一把钥匙。”

孩子点了点头，后来这个孩子的画还参加了学校的展览呢！

妈妈在教育孩子的过程中现身说法，让孩子认识到了受挫的意义并不在于证实自己在某一方面不行，而是在于证实自己的方式有了问题，还需要继续努力。

2. 给孩子打气，让孩子找到自信

有位哲人说过，世界上最难的挑战就是向自我挑战。对于哲人来讲尚且如此，何况孩子呢？很多孩子因年龄的问题，他们不会认识到自己是最大的敌人，往往会觉得其他的小伙伴、特别是比自己优秀的小伙伴是他们最大的敌人。比如考试的时候别人的分数超过了自己，于是就觉得自己的竞争对手是那个超过自己的同学。而并不会意识到自己这种看待挫折的方式有什么不对。

很多父母觉得孩子还小，和孩子讲“最大的敌人是自己”，这样深奥的道理可能孩子不会听明白。但是父母可以给孩子打气，让孩子不至于失去自信。父母可以在生活中教育孩子，比如让孩子去商场挑选铅笔，第一次孩子挑选的铅笔芯很软，写字的时候会很困难。于是孩子第二次再去买的时候，就会非常自信地对妈妈说：“不要买这种笔，一点都不好用！”买笔的故事用在其他方面也是一样的，每个人的一生都是要经过无数次选择，孩子也是在选择中成长的，我们谁都会有错误的选择，因此让孩子把自己的挫折当成一次选择也没有什么不好，至少孩子知道了这样做的后果。

无疑，挫折是谁都难免的，孩子也是如此！在孩子经受挫折的时候，父母要找到合适的方式帮助他们打气，以免他们因此失去自信。

3. 让孩子在实践中学习和感悟

在日常的教育中，父母不妨让孩子在实践中受挫，以培养他们挑战自我的信念和勇气。

还记得孩子小的时候吗？喜欢吃白糖的孩子偶尔看到妈妈在做饭，于是指着妈妈配料盒中的食盐喊着：“妈妈，我要吃糖！”妈妈微笑着说：“这是食盐，不是糖。”孩子可不听了，大声地叫着，妈妈很为难。爸爸走了过来：“来吧，宝贝，爸爸弄点给你尝尝，不过你要记住，这可不是白糖哦！”当咸的食盐从孩子的口中吐出来时，孩子的眼睛里满是泪水——这是他吃过的最难吃的“白糖”了。这次“挫折”虽然使孩子吃了苦头，但是却从实践中知道了白糖和食盐之间的区别，不能不说这位爸爸的教育方式是科学有效的。

随着孩子一天天的成长，我们很多时候都可以借鉴这种实践出真知的教育方式。当孩子受挫的时候，他们大多都比较沮丧，而父母创造出实践的机会，对孩子来讲都是非常重要的教育方式。

父母培养孩子在挫折中挑战自我，应做到以下几点：

1. 准许孩子犯错

每个人都会犯错，关键在于有人勇于发现和改正，有人则糊涂混过。父母在教育孩子的问题上，应保持清醒的头脑和警惕，密切关注教育孩子的关键时机。要知道，世界上最难的挑战就是对自我的挑战。

2. 做真正该做的事情

有的父母在孩子受挫的时候心里很矛盾，一方面为孩子难受，另一方面又想教育孩子。事实上，要培养孩子挑战自我的精神，就应该放下很多个人因素，要相信自己，要勇敢地面对，并端正自己的想法和信念，只做该做的事情。

3. 鼓励孩子坚持

挑战自我的过程并不仅仅是一个认识的过程，很多时候我们有能力让孩子看到挫折的意义，但是却没有办法让孩子在经受一次挫折后，下次就可以成功。因此，我们要有足够的耐心，给孩子时间经受挫折，并当孩子在经受多次挫折的时候，鼓励孩子要坚持。

心理承受能力给孩子带来超然的心态

心态是各种心理品质的修养和能力，它对于每个人都很重要，是人对各种信息刺激所做出的反应。心态对孩子也非常重要，好的心态是孩子们学习和生活的必要条件。

美国著名心理学家弗洛姆做了这样一个实验：

他把自己的学生带到一个漆黑的房间里，在他的引导下，学生们很快就穿过了这间由网铺成的地面。接着，弗洛姆打开房间里的一盏暗淡昏黄、光线不足的灯，学生们好一阵子才看清楚屋子里的东西，不禁吓得目瞪口呆、冷汗直流。

原来，网的下面有个很深的水池，水里游动着几条大鳄鱼，还有毒蛇吐着芯子向他们挑衅。大家面面相觑，一动也不敢动。过了会儿，弗洛姆问："谁愿意再走一次？"竟然没有人做声。过了好一会儿，有三个同学畏畏缩缩地站出来。其中一个学生走上去，像踩平衡木一样小心翼翼，速度比第一次慢了好多；第二个也战战兢兢地走上网面，看到鳄鱼追过来，吓得直哆嗦，在弗洛姆的帮助下。才勉强过桥；第三个学生刚跨上桥，腿就软了，是爬过网面的。

这时弗洛姆又打开了房间的另外几盏灯，强光刺眼如同白昼，原来水池上方装了牢固的黄色安全防护网，刚才因为光线昏暗，学生都没有看出来。弗洛姆又问："谁还愿意走一次？"这次大家都不怕了，几个人都快步走了过去。

弗洛姆得出结论：网面本来不难走，可是网面下的鳄鱼和毒蛇对人造成了心理威慑，于是就失去了平静的心态，乱了方寸，慌了手脚，表现出各种程度的胆怯，而一旦心态恢复了平静，又可以轻松地走过。这就是心态对人行为的影响。

同样一件事，两种不同的心态去面对，其结果竟然如此不同！

对于父母来讲，懂得从生活的点滴中培养孩子的良好心态是非常重要的，而对此，心理学家指出培养孩子最佳心态的最佳时机是孩子受到挫折的时候，这时宜对孩子做如下训练：

1. 转移孩子的注意力，让孩子瞬间快乐起来

有一个孩子跟父母去爬山，路上下了雨，孩子滑倒了好几次后大哭起来。而父亲则高兴地大喊："儿子啊，快来看吧，这里有一只好肥的兔子，雨淋得都爬不动了，快来啊，我们能捉到野兔哦！"儿子顿时不哭了，开心地跑了过去，一把抓住兔子，和父亲一起找了个避风的小亭子，和兔子一起玩得开心极了。看着快乐的儿子，父亲说："儿子啊，要记住，再遇到大雨的时候一定不要哭，而是要勇敢地走路，不然你就会像这只兔子一样，成为别人的'俘虏'！"儿子点了点头。

受挫时的退缩是一种心态，受挫时的勇进也是一种心态。心态影响着每个人的行为，父母要想让孩子拥有好的心态，就应让孩子明确好心态能给自己带来什么、避免什么。如此，孩子才能从挫折的阴影中走出，找到快乐的一面。

2. 找到挫折的原因，让孩子学会自信

很多孩子在受挫后喜欢像蜗牛一样躲起来，其实即使是蜗牛也有出壳的一天。如果我们的孩子像蜗牛一样随着天气的变化而躲避，或者受挫后一蹶不振，还振振有词地说因为风雨还没有过去的话，父母就要警惕孩子的心态了！

好的心态往往来自于对自己的信任，很多孩子在面临失败的时候不

知道该如何选择，每当这个时候孩子就会再次面临挫折。其实，父母如果发现孩子正为挫折而迷茫，可给孩子一定的时间让他自己去寻找受挫的原因，然后针对原因进行帮助，必要的时候父母可以帮助孩子找到受挫的原因，帮助孩子重新找回自信。

3. 让孩子学会调整情绪

有些孩子受挫后心里受不了，要不变得手足无措或破罐破摔，要不变得捕风捉影，一遇到挫折就觉得自己即将失败了。

这样的心态往往会造成孩子懦弱的性格，他们做事情畏首畏尾、唯唯诺诺，甚至于不敢逾越所谓的“雷池半步”，总是退避三舍的谦让与保守，到头来他们的一生很可能是黯然失色的。因此，父母要懂得引导孩子，引导他们认识到：挫折是暂时的，而且会很快过去的，一切都可以从头再来，要有屡败屡战的勇气和准备。

4. 优秀的品质能使孩子以更好的心态面对挫折

具有优秀品质的孩子总能以更好的心态面对挫折，这些品质包括：信心、正直、有勇气、有慷慨之心、机智、有耐性等。

日常生活中，相信父母都有所体会，品质良好的孩子往往懂得控制自己说话的语气、姿势，懂得体会对方的感受，同时还善于修饰自己的行为和言语。而这些行为都对心理有一个调节性的作用，不仅决定着孩子的情绪感受，还会对孩子的思想产生一定的影响。心理学家指出，良好的品质往往更能激发孩子的兴趣，使孩子产生一种更大的力量，走出眼前的挫折！

5. 让孩子懂得挫折也是成功之母

卡内基曾经说过：“有两种人绝不会成大器，一种是非别人要他做，否则绝不主动做事的人；另一种人则是即使别人要他做，也做不好事情的人。那些不需要别人催促，就会主动去做应做的事，而且不会半途而废的人必将成功，这种人懂得要求自己多付出一点点，而且做得比别人预期的更好。”

孩子受挫的时候第一个想法往往就是放弃，而这时候父母一旦将孩子的进取之心激发出来，对孩子的影响将是非常深远的！一个孩子在体育屡次不达标后对体育失去了兴趣，他对父母抱怨，参加高考又不考体育，何必为难自己呢？父母针对孩子的这种想法进行了纠正，体育运动能锻炼一个人的耐力与意志，并且他们给孩子讲了很多优秀的人才为什么早逝的故事，告诉孩子，身体是做事的本钱。孩子大受鼓舞，明白了锻炼身体是一件终生受益的事情后，加强了体育锻炼，体育成绩也提高了，身体素质也越来越好。

良好的心态对孩子很重要，而受挫往往会使孩子产生消极的心态，因此受挫时期是父母对孩子进行心态教育的关键时期。心理承受能力强的孩子往往能扭转局面，因此在挫折中培养孩子的良好心态，关键在于要因人施教、因事施教。

1. 和孩子一起制定明确的奋斗目标，并定时检查，和孩子一起分析受挫的原因，多给孩子信心。

2. 将孩子的目标分成几个阶段，并和其他家庭成员一起组成智囊团，以给孩子更大的信心和达到目标的力量。

3. 培养孩子坚毅的精神，告诉孩子以“赢的意志”为基础，不被任何挫折吓倒，对发生在自己身上的挫折，应迅速而明确地做出决策。

4. 对孩子的挫折应以事实为根据发表自己的看法和意见，不要对孩子的挫折进行任何猜测和指责。

培养孩子的自强能力和自信心

每个做父母的都希望自己的孩子能长大成材，而成材的标准往往是孩子取得多大的成就。事实上，孩子成长自立的关键在于是否能独立处事，所谓独立，简单地说就是个人在遇到问题或困难时，不再依赖别人，自己独自思考或行动，以解决问题。懂得独立思考的孩子往往更能不轻信和盲从他人，更能很好地面对挫折。因此，对于父母来讲，心理承受能力强的孩子往往是具备独立思考，自强不息品性的人。

要培养孩子的自强能力和自信心有许多途径可供选择：

1. 勇于突破习惯性思维

比如：在课堂上，老师让同学试着解决上学途中遇到的种种不便问题，孩子们回答了各种在其他方面成功运用的方法，诸如设立交通缓解设施、天桥、穿具有警示作用的荧光夹克以及对汽车限速等，这些观点是有效的，但也是惯常采用的方法。

只有一个人例外，一个学生建议学校搬家，这显然不是老师所期待的，这个观点可能不实际，甚至不可行，虽然这个提法被整个班级所嘲笑，但它却是唯一不同凡响的建议。

天天在幼儿园里和小朋友比赛折纸，天天失败了。天天的心情不好，回家跟爸爸说了。爸爸不仅没有像其他的父母一样要求天天找到失败的原因，反而和她一起玩游戏、看书，天天逐渐忘记了自己所受的挫折。第二天早晨去幼儿园遇到昨天刚把自己打败的小朋友，竟然充满自信地说："下次折纸，我一定比你折得好！"原来天天虽然一直表面上心不在焉的，实际上却在想着打败对手的新折法。

很多时候父母的惯性思维往往会在无意识中影响孩子，因此父母在和孩子相处的过程中应尽量避免惯性思维，特别是孩子刚刚受到挫折的时候，不妨和孩子一起看看电视，去图书馆看看书，让孩子自己待会儿，给孩子留出独立思考的时间。

如果孩子在挫折中有了新的想法，父母对此可以表示支持和理解。

2. 以旁观者的眼光看待受挫的孩子

孩子受挫后往往会将目光投向父母，因为在孩子的眼里，只有父母能给他们更多的帮助和支持。而孩子的这种做法往往会使自己失去独自思考的机会，这种情况下父母应懂得适时保持旁观者的态度，让孩子意识到受挫是自己的事情，要自己主动地寻找解决的方案。

从另一个角度来看，旁观者往往能将事情看得更明白，人的心态也更平和。如果你的孩子受挫过重，你就需要培养孩子的旁观者心态，让孩子学会静静地思考，在经受挫折后，如果能自己安静地思考一下，则心里就会好受很多，独立思考的能力就这样培养出来了。

3. 帮助孩子扩大眼界

孩子受挫了，往往喜欢把自己关闭起来。其实把自己关闭起来后有的孩子能独立思考很多问题，有的则越来越消沉。而从郁闷中走出来的孩子不仅能扩大自己的交友范围，而且还能培养起自己的信念和勇气，对所受的挫折往往就会有新的认识。

比如有个小朋友自己相对别的小朋友的腿有点短，别人能跳得过的地方他都要爬过去。就因为这个原因小朋友心里很难受。可一次妈妈带着她去了游泳馆，这个小朋友发现自己虽然腿短，但是游泳却一点都不慢，而且教练总夸自己游得好呢！

可见，让孩子转移视线能使孩子多方面地认识自己，容易使孩子从挫折中走出，培养孩子的自信心。

4. 多向孩子质疑

多向孩子质疑，并不是说不相信孩子，而是在和孩子一起游戏或学习的时候多向孩子提问。父母的提问往往会激发孩子的思维，在这种熏陶下，孩子自己也开始懂得质疑了。一旦孩子懂得质疑了，他们就不会轻易被挫折打倒，他们明白挫折中必然有很多问题存在，质疑的习惯会使孩子侧重于去发现，而不是受挫后的不良心态了！

要想培养孩子的独立思考能力，还要从日常生活中做起。父母必须在孩子受挫之前就付出时间和精力，锻炼孩子的技能，并培养孩子勇于承担的精神。要知道每个孩子都是有梦想的，在通往梦想的道路上难免要受到挫折，我们与其看着孩子将来受挫后一蹶不振，不如早期从孩子的点滴受挫中培养孩子的独立思考能力。

通过增强责任感来提高孩子的心理承受力

事实上，责任感与心理承受力之间有很密切的关系。责任感强的人，心理承受力就一定强是个不争的事实，这在科学家和革命家身上都有明显的表现。正所谓，虽然失败心犹坚，越是艰险越向前。

对父母而言，如果孩子就因一个小小的挫折而丧失了前进的动力，那将是父母们最不愿意看到的现象。而有责任感的孩子则不会被一点点挫折所吓倒，他们会努力战胜挫折。

有一位年轻的妈妈将家里洗碗的任务交给孩子去做，不管孩子洗得干净还是不干净，妈妈都不做声。孩子自己也很自觉，因为每次他洗得干净的时候，盛饭时家里人都会对干净的碗表示赞扬。如果碗洗得不干净了，家人也不会对孩子进行责备，而是各自再重新把碗洗一遍。每当家人把碗再洗一遍的时候，孩子总会在下次洗碗的时候更用心更仔细。孩子在把碗洗干净时受到了表扬，在洗不干净的时候懂得了责任。

托尔斯泰说："一个人若是没有热情，他将一事无成，而热情的基点正是责任心。"责任感是一个人日后能够立足于社会、获得事业成功与家庭幸福的至关重要的人格品质。因此，父母更应该懂得培养孩子的责任感，特别是当孩子受到挫折的时候。

培养孩子的责任感要从三点"负责"入手：一是对自己负责，二是对他人负责，三是对集体、社会负责。

孩子做事情总会有些冒险，因为他们涉世不深，对很多事情缺乏了解和把握。孩子在挫折中懂得责任感的同时，也利于孩子的独立。有一个孩子非常喜欢冒险，他每天自己在家琢磨一些游戏，什么“战地老鼠”“南极人打仗”等游戏都是自己琢磨出来的。但是，每次都把家里弄得乱七八糟。对此，父母很生气，责备孩子没有责任感，把家弄乱了。可是孩子并不明白什么是“责任感”，于是很委屈。后来，父母什么也不说了，一旦孩子将家弄乱了，就在孩子看得见的时候来收拾这些乱摊子。孩子看着父母收拾，脸上流露出不好意思的表情。孩子的这种“不好意思”的表情，其实正反映了孩子责任感的萌发。

当父母发现孩子萌发这种责任感时，应加强对孩子的教育。比如可以把孩子叫到自己的身边，让孩子把很长时间以来都没有叠好的衣服和被子叠好、放整齐。在父母手把手地教孩子怎样叠衣服的时候，孩子叠得很仔细，从孩子的认真劲儿中，我们会发现，孩子确实已经懂得了责任。不管是遇到了什么困难，孩子都会自己主动想办法解决了。

在具体的管教中，很多父母发现孩子的这种责任感只是一时的，过段时间又忘记了。这种情况下，就需要父母有足够的耐心了。除了耐心之外，还要讲究方法。要寻找切合孩子性格的方法，比如你可以表扬孩子，也可以暗示孩子怎么去做，但是一定不要直接训斥他们。因为你的直接训斥会使孩子产生一种冲动，毕竟孩子的思想是有局限性的，搞不好就会记恨父母，找个时间给父母来个恶作剧，这样的情况一旦发生就起不到教育孩子的效果了，同时，父母也会因此而伤心。

很多受挫的孩子往往会沉浸在挫折中，为了明确孩子的责任，父母应懂得让孩子认识到自己的错误。比如孩子不小心撞到桌子摔倒了，父母或许会边将孩子拉起来，边敲打桌子：“谁让你撞我们宝宝，宝宝不哭，妈妈打桌子。”父母之所以这么做，是因为这种办法确实有效——孩子不会再哭了。但是父母却没有意识到一个问题，那就是孩子虽然不哭了，但是孩子却觉得这是桌子的错误，而不是自己的错误。这种情况下，已经不哭的孩子并没有认识到自己的错误和责任！

因此，不管孩子有多小，父母一定要懂得让孩子认识到自己的错误和责任，这对孩子的成长非常有益。针对孩子撞桌子的事件，其实，父母可以边安慰孩子，边和孩子分析原因：第一，是你自己走得太快了；第二，是你走路的时候不专心了；第三，桌子是不动的，而你是动的，是因为你没有看见桌子，所以才撞在了上面。然后等孩子不哭了，还可以建议孩子再走一次。

美国的年轻父母们就很知道如何培养孩子的责任感。

比如有一位妈妈带着三岁的儿子逛商店，儿子一不小心摔倒在地。这位妈妈说："儿子，快起来"，孩子不肯起来，妈妈又说："儿子，我告诉你，快起来！"孩子还是不愿意起来，这时妈妈加重了语气说："我再说一遍快起来。"这一次孩子站起来跟着妈妈走了，边走妈妈边对孩子说："儿子，你知道你刚才的样子像什么？你还像个男子汉吗？还说长大要照顾妈妈，你这样子怎么照顾妈妈？"美国妈妈让孩子懂得了自己的责任！

日常生活中，孩子总是难免受挫的，而受挫的原因又是多方面的，很多父母心疼孩子而抹掉了孩子的责任，很快就开始安慰和原谅孩子了。这种做法不仅不能培养孩子的心理承受能力，同时也会使孩子逐渐失去应有的责任感，这对孩子的成长非常不利。

要培养孩子的责任感，重在提升孩子的以下素质：

1. 提高孩子对责任感的意识

如果孩子意识不到自己的责任和义务，将永远不利于培养孩子的责任感。父母应在日常生活中注意征求孩子的意见，将孩子看成家庭中的一员，社会的一份子。

2. 给孩子指出做事的原则

做任何事情不光是靠成功和失败来衡量的，还应有基本的原则。一个有责任心的孩子不是将事情做完就可以了，而是应懂得严于律己，不违背相应的规则。

3. 提高效率

一个有责任感的孩子是不会磨蹭的，他们会抓紧时间将事情办完。即使遇到挫折，也会很快地重振旗鼓。父母要想孩子有一个效率观念应懂得要求孩子在挫折中找到原因，坚持好的方法，不断进行总结，积累实用经验。

自信是提高心理承受能力的第一要素

古往今来，凡在事业上取得成就的人，无一不是以坚强的自信心为其先导的。古希腊著名学者阿基米德宣称："给我一个支点，我将撬起地球。"这是何等气魄的自信，正是这种令人惊叹的自信，燃起了他无比的智慧，使他做出了光照史册的巨大贡献。

居里夫人当初穿着沾满灰尘和油污的工作服，翻动矿石，从堆积如山的含铀沥青中寻觅镭的踪迹时，条件非常艰苦，但她却信心百倍，毫不动摇。成功之后，她对她的朋友们说："无论做什么事情，我们都应该有恒心，尤其是要有恒久的自信心。"

年幼的爱因斯坦望着愠怒的老师，不慌不忙地举起两只粗陋的小板凳，解释道："这是我第一次做的，这是我第二次做的……刚才交的是我第三次做的。虽然它不能使人满意，但总比这两只强些。"这番话意思就是：我没有什么可难为情的。您看，我干了三次，做出了努力，并且每一次都有进步，虽然进步是微小的。这不能不算自信。

由此可见，成功固然是由很多因素促成的，但自信心是所有成功者的特征。而充满自信的人，往往具有超强的心理承受能力，特别是当自己处于绝境中依然自信的人。我国著名艺术家默森也说过："自信是成功者第一要记住的。”一个孩子要想搞好自己的学习，缺乏自信心是不可设想的，自信心是一个人成才必备的一种心理品质。

那么，孩子的自信心如何培养和提高呢？

其实，这也是很容易做到的，比如：

1. 正确对待失败

每一个人由于知识、经验的局限，遭遇一时的挫折乃至失败是非常正常的现象。在人的一生中，一帆风顺是不可能的，对此，既要认真总结经验教训，以利“再战”，又要持平常之心，不被失败击倒，不害怕失败而缺少信心。

2. 积累丰富的知识

丰富的知识是自信的基础和前提，离开了这一点，自信就不是真正的自信，而是自负。父母应该鼓励孩子多学习知识，扩大自己的阅读面，增长见识。只有这样，才能牢固地树立起学习自信心。

3. 相信孩子，允许孩子犯错

孩子都有“尝试”的举动，父母要不厌其烦地给孩子机会，并允许孩子失败。让孩子的自信心建立在扎扎实实的能力之上，而不要为孩子做任何他自己能做到的事。孩子在尝试做事情时，总难免犯错误，而孩子从错误、失败中吸取经验教训，可以得到不断的提高。因此，父母应该允许孩子犯错，并告诉孩子，犯错误不代表失败、无能。

4. 扬长避短

每个人都有自己的优点和弱势，要全面正确地评价自己，既不要对自己的长处沾沾自喜，也不要盯住自己的短处顾影自怜。要善于发现和挖掘自己的优势，以弥补不足。比如，某个同学长得比较矮小，但他勤奋学习，成绩全班第一名，各项体育活动也不落后，同时又积极地为同学们服务，深爱同学们的欢迎。

5. 期望适度

制定恰当的目标，对孩子的要求是孩子经过努力可以达到的，让孩子在行动中获得满足、成就感，力所能及的达到家长的期望水平，能获得良好情绪体验的反馈，让孩子看到自己努力的结果从而对自己充满信心。

6. 及时鼓励和赞扬

父母积极地评价和鼓励是培养孩子自信心的有效方法，但须注意得当、得法。最好是对孩子的进步给予及时、准确的反应，比如对他说："我看到你已经学会分数的加减了""你的那篇作文确实写得不错"。这比笼统地说"好极了"，效果会好得多。

7. 让孩子感到自己有用

让孩子多与人交往，参加集体活动并积极贡献自己的能力，让他发现自己在家庭、集体中的贡献、作用和价值，是培养孩子自信心的重要途径。给孩子机会让他自行选择、决定自己的事情，及早让孩子参与到家庭事务中，参与家庭事务的决定。认识自己对他人及家庭的贡献也有助于培养孩子的成就感，增强孩子的自信心。

8. 多倾听孩子说话

倾听孩子的想法和建议，让孩子自己想办法解决面临的问题，这能使孩子感到自己的智能和潜力。倾听对孩子自我形象的影响很大，通过倾听父母不仅可以了解孩子的发展情况，而且会让孩子看到自己在父母心中的地位和价值。

克服困难取得成功是自信心的自然结果，也是增强心理承受能力的有效方法和重要成因。一个人的成功是以自信心为起点的，但自信心又是建立在勤奋耕耘的基础之上的。因此，只要孩子脚踏实地，不懈耕耘，不断尝试，在成功和失败中不断摸索，那么他缺少信心的问题就一定能够得到改善。

告诉孩子每一次挫折都是进步的阶梯

面对挫折，可以这样告诉孩子：挫折是每个人都不愿遭遇的，但正是不断地遭受挫折，才不断地让人们认识了怎样做才不会遇到挫折的道理，从这一点上看，是挫折帮助了我们进步，所以，面对挫折，我们不必悲观，更不要有压力。

有一个孩子很喜欢画画，父母为他报了个美术班，但是这个孩子很快就遇到了难题。老师布置的作业难住了他，老师让孩子画一只小猫，可是孩子画出来的画怎么看都是一只老虎。此时，孩子灰心了，父母对孩子说："没关系，虎和猫其实挺像的。"于是，孩子满意了，但是却怎么都接受不了第二天老师对自己的指责，孩子觉得很委屈，父母都说像了，老师为何还说不像？

对于这样的打击，此时做父母的作用是什么？其实父母只要对孩子的画存在的问题加以指点，然后告诉孩子存在问题，接着引导孩子找到问题所在，并进行改正。相信孩子再画，尽管不十分像猫，但也一定更接近像猫了。

有一个孩子刚考上高中，又在父母的要求下利用暑假去打工。他们觉得这样做，不仅可以让孩子赚到一些零用钱，又能够为以后工作积累经验，可谓一举两得。孩子一开始工作还挺开心的，但是晚上就产生了退缩心理！

事情是这样的，父母给孩子找了一份在加油站加油的工作，第一天上班，就遇到了考验。早上加油的时候，由于没有经验，一时麻痹大意，结果把客人的汽油车加入了柴油，被客人和油站领导教训一顿，并要给客人清洗油箱。下午由于加油的车太多，在忙乱中又不知漏收了哪个客人的加油款，领导说要在他的工资中扣除。结果，孩子晚上回家就说不干了。对父母说太辛苦了，天气炎热，整天站着没得坐，还加错了油和漏收了油款，被领导责备，真的受不了。父母听后，没有责怪孩子，而是鼓励孩子坚持做下去，并帮他偿还油款。同时还叮嘱孩子，世界上有很多事情都是人做的，不要被眼前的一点小事难住了。

之后，孩子在高中三年里发愤图强、直至考上了重点大学。对此，孩子说，暑假里的打工经历使他受益匪浅！

事实上，每个父母都知道培养孩子受挫能力的重要性，都知道挫折对人生是一个考验。但是更多的父母只知道责怪孩子，而不懂得鼓励孩子，不知道鼓励孩子对他的成长有多重要！要知道，人生在世，不可能事事顺利，尤其是年幼的孩子，由于初入世道，毫无经验，难免遇到一些挫折和困境，如果连小小的挫折和困境都经受不住，那么，以后就很难在社会上立足。

在鼓励孩子接受挫折的考验时，父母应帮助孩子认清以下事实：

1. 树立正确的挫折观

遭受挫折，是孩子接触社会过程中难以避免的，任何人在成长过程中都不可避免地会遇到不同程度的挫折。正视挫折，认真分析挫折产生的主客观原因，正确对待挫折，不仅可以克服和消除挫折，而且还可以磨炼自己的意志。

2. 控制好自己的情绪

挫折产生后，孩子会感到紧张、烦闷，行为也不免有些失常。在这种情况下，如果能有意识地运用心理防御机制，采取一些比较积极的间接反应方式，就可避免加重挫折或由挫折带来新的挫折。

3. 善于评估挫折程度

挫折感的强弱，往往决定于本人的知觉评估。其实，知觉评估仅仅是一种具有整体性特点的感性认识，所以，当挫折产生后，父母应和孩子一起认真分析引起挫折的对象的实际情况，做出实事求是的估计，然后再检查自己的判断是否符合实际。如果发现自己的知觉评估夸大了事实，就要改变对引起挫折对象的认识，从而减轻挫折感。如果发现挫折是因自己的错觉造成的，便可以很快消除挫折感。

4. 分散挫折的压力

父母应鼓励孩子不要把压力闷在心里，应当主动向老师、同学或亲友倾诉，争取别人的谅解、同情与帮助。这样可以减轻挫折感，增强克服挫折的信心。

5. 转移自己的视线

遭受挫折后，孩子会感觉度日如年。这时，父母要适当安排一些健康的娱乐活动，走出户外去呼吸大自然新鲜的空气。丰富多彩的闲暇活动可以使挫折感转移方向，扩大思路，使内心产生一种向上的激情从而增强自信心。

离开挫折和困境的考验，就意味着在温室生长，一旦进出社会就经不住风雨，这样的人很难在逆境中生存。有了挫折和困境的考验，才迫使人思索，使人吸取经验教训，让人变得明智，使人练达，使人坚强。因此，父母应懂得在挫折中培养孩子，让他们懂得生活中的挫折是不可避免的，正确地利用挫折是会让自己不断进步少犯错误的。

孩子最容易因一点点挫折而改变志向，因此父母要正确对待孩子的挫折，当孩子身处逆境时，莫叹途穷，应懂得化被动为主动。告诉孩子，挫折中蕴涵着更多的智慧和品质，一个聪明的孩子之所以聪明，是因为他们懂得抓住自己的失误，懂得不失时机地在失误中吸取智慧的营养。

培养孩子的抗压能力

现在多数人都知道“80后”是指1980年以后出生的年轻人。但很少有人知道“草莓族”。其实“草莓族”指的也是“80后”，顾名思义，草莓有着光艳鲜亮的外表，但却不能挤压，一碰就破，时间长了会烂掉，因此需要小心翼翼地呵护。这实际就是说抗压能力较差，这类孩子在现代社会中毫无竞争力，面对重重压力，他们常显得不知所措。

当今社会，独生子女越来越多，人们的生活水平显著提高，于是许多孩子生活在衣来伸手、饭来张口的环境中。当他们在学习、生活或交往中遇到一些困难或压力时，往往会不知所措，缺乏战胜困难的信心和勇气。所以，增强孩子的心理承受能力刻不容缓。

在孩子的成长过程中，父母应当教育孩子学会面对挫折和抵抗压力。父母要用冷静的态度协助孩子分析自己的处境，而不是用情绪化的字眼指责孩子经不起挫折。再给孩子适当的鼓励，帮助孩子认识自己的长处，建立自信，以此提高孩子的抗压能力。

有一个10岁的男孩，家里并不富裕。父母为了这个家辛勤地工作，期望他能考上好的中学，将来考上好的大学，找一个理想的工作，以改变家庭窘境。

上五年级的时候，有一次他不小心将同学桌上的手表碰到地上摔坏了。那个同学让他赔100元钱，这让他感到非常为难。因为他拿不出100元钱，他又不敢告诉父母这件事，害怕父母知道此事后会很生气。于是他便用逃学的方式逃避同学的追讨。

100元钱，竟使这个孩子放弃上课，为的就是逃避那个同学，不惜瞒着父母，为的就是不让父母生气。这与没有足够的心理承受能力是有很大的关系。

如果一个孩子没有一定的心理承受能力，那么他就不敢直面困难和委屈，很可能产生逃避现实的念头。近年来，孩子离家出走的现象越来越多。那些微不足道的问题，为什么能把孩子推向如此境地？孩子的心理承受能力之差不得不引起父母的警醒。

实际上，有好的心理承受能力，才能勇敢地面对压力、困难和挫折。而强大的心理承受能力不是先天就有的，它必须从小培养。如果孩子遇到一点儿压力就被父母接管，他们自然难以提升自己的抗压能力。另外，如果父母对孩子的期望太高，当孩子屡次努力都达不到要求时，也会刺激他们自我放弃，进而失去了抗压的能力。

提升孩子的抗压能力，父母要以“啦啦队”的角色出现，当孩子在压力面前退缩时，父母要给孩子摇旗呐喊；当孩子成功战胜挫折和困难时，父母要给孩子鼓励和肯定。这样才能不断激励孩子战胜困难，继而提升孩子的抗压能力。

当孩子遇到一些失败和挫折时，应该告诉孩子困难和挫折都会过去。也许对成人来说这些话算不了什么，但对孩子来说却是非常重要。孩子还小缺乏生活经验，当遇到不能逾越的困难时，就以为一切都完了，在他们的想法里，一次失败就可以毁掉一切。

我们要做的就是让孩子在艰苦的环境中，磨砺出坚强的意志，让孩子学会在黑暗中看到光明，培养他们耐挫的能力和受挫后的恢复能力。这样，他们才能在困难和挫折面前泰然处之，保持乐观的心态。

有一个男孩在参加朗诵比赛回来后，一言不发地走进卧室，随手拿起一本书心不在焉地翻弄着，妈妈知道儿子的表现不理想。为了帮助儿子走出失败的阴影，妈妈告诉他胜败是正常的事情，不要太在意结果，关键是参与的过程。妈妈还主动帮他收集朗诵资料，鼓励儿子继续练习朗诵。当儿子进步的时候她会及时表扬儿子，鼓励他放开声音，融入感情。慢慢地，儿子的朗诵也变得声情并茂，有几次妈妈都被感动得流下了眼泪，儿子的信心大增，一遍遍不厌其烦地朗诵着。妈妈把儿子第一次朗诵的录音和之后的录音一放，儿子听了之后，不好意思地说："原来进步这么大，下一次我还要参加朗诵比赛。"听到这儿，妈妈抚着儿子的肩膀说："儿子，好样的。"

提高孩子的心理承受能力，父母需要在关键时刻给予孩子鼓励和支持，让孩子知道几次失败根本算不了什么。父母给孩子传授这样的想法，不仅增强了孩子继续努力的勇气，更重要的是唤起了孩子的自信。这样孩子的心理承受能力就自然增强了。

在日常生活中，我们要注意孩子抗压能力的锻炼，适应环境能力的培养。这样，一旦他们的身体、精神真正遭受压力的时候，积累起来的承受能力就会帮助他们渡过难关。在竞争激烈的环境中，仅仅让孩子学到书本知识是不够的，更重要的是让他们有一个健康的心理。一个抗压能力强的孩子，将来才会成为一个独立性强、有毅力、不畏艰难的强者。

六 培养孩子博大的胸襟

——孩子无大胸襟，未来则无以致高远

胸襟之于人是一种非智力因素，它源自一个人的眼界和性情，一个人经过学习和锻炼也可能只是一个才智平平的人，但如果他的心胸博大，善于用“情绪吸尘器”清除掉所有不利因素和情绪带给自己的干扰。他们在不利的环境下也敢于为自己设定高远的目标，并设法挖掘出积极因素去实现它。在心胸博大的人心里，只有“好、妙极了、亲切、重要、喜欢、宽恕、了不起”等字眼。

教育孩子抛弃狭隘的心理

一个人所具有的心胸是博大还是狭隘决定着他对处世的态度。

清代有个宰相，他的老家一户邻居为了建房占了宰相家的几尺地，宰相家的人很生气，把官司打到衙门。宰相的家人怕打不赢官司，便写了一封信，派人骑马日夜兼程送到京城，让宰相写信给地方县令。宰相一看，立即给家里修书一封，不是写给县令的，而是给家人的。信上写的是一首诗："千里求书为垛墙，让他三尺又何妨，万里长城今犹在，不见当年秦始皇"！宰相家人一看，随即收回状纸，愿意让地。邻居一看宰相如此宽宏大量，也把强占的地让了回来。

由此看来，在生活中以宽容对人，就能够"化干戈为玉帛"。

宽容的力量是巨大的，要拥有一颗宽容的心，就要克服狭隘心理。狭隘心理是许多不良个性的根源，嫉妒、猜疑、孤僻、神经质等不良表现都源于狭隘心理。目前，孩子中普遍存在着心理素质脆弱的现象，究其根源也是心眼小——心胸狭隘。

乐乐今年5岁了。由于父母亲的宠爱，他养成了自私心胸狭隘的坏毛病。不论是吃东西，还是玩玩具，都要自己优先，甚至"垄断"。乐乐的母亲白静正愁没有良策，办公室的一位大姐介绍了她当年对自己孩子的纠偏之法。下班后，白静买了乐乐最喜欢吃的蛋糕。乐乐看见后嚷着要吃。白静就按照大姐介绍的办法逐一施行。

"乐乐，蛋糕好不好吃？""好吃。"乐乐欢快地回答。"那你想不想吃？""想吃想吃。"乐乐有点迫不及待。

见孩子已经进入状态，白静话锋一转，提出第三个问题，"你想吃的东西，爸爸妈妈是不是也想吃呢?”

“这个……”乐乐挠了挠脑袋，开始思考这个问题了。

“好吃的东西，爸爸妈妈是不是也想吃呢?”白静紧跟着又问了一遍。“不知道!”乐乐回答说。听了他的回答，白静有点泄气。

“好吃的东西，爸爸妈妈当然也喜欢吃了。外公外婆和姐姐他们也都喜欢吃。”

乐乐听了这话，瞪大了眼睛，露出疑惑的表情。

“可每次为什么我们不吃，而都让给你吃呢?”白静又接着问。乐乐的回答还是那句话“不知道。”

“不是因为我们不喜欢吃，是因为我们爱你、疼你，所以我们省下来，想让你多吃一些。你知道吗?”

乐乐眨巴眨巴眼睛，似乎明白了，就点了点头。白静马上趁热打铁，问:“那你以后有好吃的，要先问别人吃不吃，懂了吗?”

“嗯。”他使劲点了点头。

“那，给你吃吧!”说着，白静把蛋糕给了他一块。

他正准备把蛋糕放到自己嘴里，白静赶忙问:“刚才妈妈说什么来着?”

乐乐拿着蛋糕停在那，想了想，把快送到嘴边的蛋糕又递了过来，小声地问:“妈妈，你吃不吃?”

见到孩子这样的变化，白静的心里涌动着一股暖流，巴不得让孩子赶紧吃个痛快。可想到要教育孩子，又忍住说:“我也想吃啊，不过，妈妈只吃一点。虽然妈妈很喜欢吃，可妈妈喜欢乐乐，省着让乐乐多吃一些。”说罢，她们在一起开心地吃起来。

见这办法不错，白静随后几天又加强了几次，接着在家人中进行了推广。乐乐彻底改掉了自私的毛病。

通过这件事情，我们认为只要认真给孩子讲道理，孩子一般是能够明白的。在孩子明白道理的基础上提出纠正孩子毛病的办法，能从主观上得到孩子的理解，在客观上能够很好地配合，会有更好更长远的效果。

一般而言，心胸狭隘的孩子，往往只想听好话不想听坏话，只能接受成功而不能接受失败，心胸狭隘的孩子容不下别人比自己强，嫉妒超过自己的人，他们只愿和不如自己的人交往，其结果导致自负心理的增强和交际圈的缩小。

由于缺乏与同学、朋友之间的友谊与欢乐，孩子内心苦闷、压抑、沮丧，感受不到人世间的温暖，看不到生活的美好，导致消沉、颓废。由于对周围人产生厌烦、鄙视或戒备心理，容易心胸狭隘、无事生非、疑心重重。长此以往，自负、嫉妒、孤僻、猜疑等不良心态的消极积累，使原本偏激的认识更为偏激，个性缺陷恶性膨胀，容易导致心理障碍、心理疾病的产生。

心胸豁达的孩子多能站在对方的立场着想，尊重他人，用自己开阔的心胸容纳别人，原谅别人对自己的伤害。心胸狭隘的人则不然，常常对自己的错误熟视无睹，对别人的小过失却睚眦必报。这样不但使对方改正不了错误，反而会使积怨越来越深，正所谓“冤家宜解不宜结”。

每个人都应培养宽阔的心胸，彼此谦让，互相谅解，宽厚待人，这样就能形成一种良好的宽容氛围。父母培养孩子宽容的心胸，最重要的就是要帮助孩子远离狭隘的心理影响和习惯，为此，可采取以下办法：

1. 给孩子当一面好镜子

一个人如果从小就生活在“拔一毛而利天下，不为也”的家庭里，接受父母所谓“为人只说三分话，不可全抛一片心”的教育，以“各人自扫门前雪，莫管他人瓦上霜”为人生信条，那么，在这种环境里成长的孩子，必定是心胸狭隘的。所以，父母要在生活中注重自己豁达个性的培养，这样，才能培养出个性宽容的孩子。

2. 加强孩子的人生观教育

父母应引导孩子把眼光放远，心胸拓宽，事事从长远考虑，处处以集体为重，对整体、全局有利的人与事就能容忍和接受了。

3. 鼓励孩子多与同学朋友交往

孩子的狭隘心理的形成有多种原因，其中最重要原因就是因为交流的缺乏，导致心胸的狭隘，而狭隘的心胸，又造成自我封闭，为此，父母要努力创造多方面的条件，让孩子更全面地了解别人与自己，增长见识，拓宽心胸。

4. 丰富孩子的文化生活

父母要为孩子提供多种多样的活动机会，拓宽孩子的兴趣范围，在丰富多彩的活动中，使孩子感受生活、学习的乐趣，感受生活的美好，从而陶冶性情，塑造良好的个性品质。

总之，引导孩子把眼光从狭隘的个人小圈子扩展出去，抛开“自我中心”，就不会遇事斤斤计较，“心底无私”，自己的眼里才有广阔的发展空间。

让孩子养成谦让的美德

博大的胸襟是一点点培养起来的，从小养成遇到名利懂得谦让的美德，正是长大能拥有一个博大胸怀的基础。

古时候，有一个叫孔融的孩子，一天，父亲拿来一些梨分给孩子们。

孔融一开始挑了一大的，可他马上又放下了，而又专门挑了最小的一个。

父亲奇怪地问：“孩子，你为什么不拿大的而挑小的呢?”

孔融对父亲说：“我年纪小，应该吃小的。”

父亲又问：“如果这样，那弟弟们不是要吃比你更小的吗?”

孔融说："跟弟弟相比，我是哥哥，大的应留给弟弟吃。"

父亲听了孔融的话，高兴地竖起了大拇指。

孔融这种谦让的美德与个性，流传至今，一直受到人们称赞。

学会谦让，就是要把方便和好处让给别人。谦让能促使人形成胸怀大度的高尚品德。宽容、谦让的人具有宽阔的胸怀，他们往往有自信心，有坚定意志，有远大目标和理想，为人开朗、豁达、礼貌。他们宽容别人、忍让别人，并不是没有力量反击，而是出自一种高尚的情操。比如：

在一辆公共汽车上，一个男青年往地上吐了一口痰。女乘务员看到了，对他说："先生，为了车内的清洁卫生，请不要随地吐痰。"

那个男青年不但不听劝告，反而连吐三口。女乘务员见此不可理喻之人，并未与之吵架。

而是从衣袋里拿出手纸，弯腰将地上的痰迹擦掉，扔到了垃圾桶里。

这时，男青年有些不自然，车到站没有停稳，就急忙跳下车，并对乘务员喊了一声："大姐！对不起。"然后头也不回地跑掉了。

面对责难，女乘务员没有争辩，而是采取忍让、宽容的态度，从而使她取得了道德上、人格上的胜利，也给那个男青年上了一课。

孩子在成长的过程中，总有一些同学朋友相伴，他们经常在一起学习、生活、做游戏，享受无忧无虑的快乐。可是，孩子间也会发生一些矛盾，会为某一件小事而争吵，这时，孩子们会发怒、会忧郁、会沉闷、会痛苦。要避免这些不愉快的事情发生，就需要教育孩子有一个广阔的胸襟，让孩子拥有谦让的个性，保持健康的心理，这样才能让孩子与伙伴融洽相处、轻松地交往。

现在的孩子多数是独生子女，在家中是"小皇帝""小太阳"。父母望子成龙心切，早在学前阶段就教孩子学外语，弹钢琴，学绘画，背唐诗。过重的压力，繁多的"学业"几乎将孩子天真烂漫、敞开胸怀接受大自然陶冶的机会全部挤掉。在狭小单调的空间里，他们缺乏和同龄小伙伴的群体嬉戏、追逐、游玩，缺乏与兄弟姐妹一起生活的学习机会，无论是玩具、糖果，还是父母的宠爱，他们都完全独享，因而，很难培养出谦让、爱别人、互相帮助、与别人合作等精神，也不懂与别人分享的乐趣。心目中只有自己，极易形成唯我独尊，自我中心的狭隘、自私的个性。

为此，作为父母帮助孩子养成懂得谦让的美德意义重大。父母可以从以下细节着手：

1. 不要让孩子养成凡事都以我为中心的习惯

许多孩子是独生子女，在娇生惯养的家庭中长大。作为父母，首先要认识到，孩子只是家庭中普通的一员，不能享受更多的特权。孩子会自我尊重了，还要教会孩子尊重别人。

2. 让孩子学会分享

让孩子学会主动与人分享，又乐于分享，要经过一个漫长的过程，在这期间需要父母给予正面的引导，提供分享的机会，让孩子亲身体验与人分享的愉悦感受，父母还需适时激励，从而使孩子产生与人分享的强烈愿望。

3. 用自己的言行给孩子做出表率

孩子如果生活在一个宽容友爱、温馨和谐的家庭环境中，会逐步潜移默化地形成一种持久的宽容忍让的善良品质。

在生活中从一点一滴做起，比如说吃水果时，让孩子先把水果一个个拿给家人，孩子既能体会到自己独立做事的能力，又能因为得到家人的赞许而感到满足。

谦让是一种美德，是一种超凡的个性，父母应采取多种办法，培养孩子的这种个性，让孩子用谦让的个性，成就自己不凡的一生。

宽厚与谦让与智力高低没有关系，它是一种胸襟，一种修养。宽厚与谦让的人，更易于在社会上立足和开创属于自己的事业。

让孩子有一个广阔的胸襟

宽厚谦让历来是我国的传统美德，是一个人必需的品质。以下这个小故事就是最好的说明。

北风和南风打赌，看谁的力量更强大。他们决定比试谁能把行人的大衣脱掉。

北风先来。他鼓起劲，呼呼地吹着，直吹得寒风凛冽、寒冷刺骨，可是越刮，行人为了抵御北风的侵袭把大衣裹得越紧。

接下来是南风。南风徐徐吹动，轻柔温暖，顿时风和日丽，行人觉得有点热，于是开始解开纽扣，继而脱掉大衣，南风获得了胜利。

人们把这种以启发自我反省、满足自我需要而达到目的的做法称为“南风效应”。南风之所以能达到目的，就是因为它顺应了人的内在需要，使人的行为变为自觉。

“南风效应”给我们的启示是：在处理人与人之间的关系时，宽容比惩戒更有效。北风和南风都要使行人脱掉大衣，但由于方法不一样，结果大相径庭。由此我们可以看出，宽容的力量是巨大的。所以，在生活中，无论我们遇到什么事，都要宽容以对。

宽容是深藏爱心的体谅，宽容是一种智慧和力量，宽容是对生命的洞见。

宽容不仅是一种文明、胸怀，更是一种人生的境界，宽容了别人就等于宽容了自己，宽容的同时，也创造生命的美丽。

雨果说过：“世界上最宽阔的是海洋，比海洋宽阔的是天空，比天空更宽阔的是人的胸怀。”

孩子的生活是多姿多彩的。他们会有很多伙伴，每天在一起学习、生活、做游戏。可是，他们也会碰到一些不顺心的事，比如和小伙伴相处的时候偶尔会因为一些小事争得面红耳赤，好朋友之间闹别扭成了陌生人；有的孩子把不顺心的事都闷在心里不肯说，变得怪癖而孤独；有的孩子控制不住情绪，恼羞成怒与伙伴大打出手，险些酿成悲剧等等。要让孩子避免这些事情的发生，就需要让孩子有一个广阔的胸襟。只有学会宽厚谦让，才能让孩子有健康的心理，才能让孩子与伙伴相处融洽。

让你的孩子从小就有一个宽阔的胸怀吧，宽厚胸襟更易让自己的孩子长大后成就非凡的事业。

其实，培养孩子宽阔的胸襟并不难，以下方法就很有效：

1. 父母首先要做出表率

蒙茜·洛·诺尔特曾说："如果一个孩子生活在敌意之中，他就学会了争斗……如果一个孩子生活在安全之中，他就学会了相信自己和周围的人。如果一个孩子生活在友爱之中，他就学会了这世界是生活的好地方。"由此可见，父母应该为孩子培养宽容的品格做出表率。

2. 教孩子在与人交往中学会宽容

父母首先要能明白宽容的真正含义，在教育孩子时注重对孩子善良品质的培养。把同情弱者、善待生命作为教育孩子的重要内容。让孩子在社会交往中学会宽容。父母对孩子不宽容的行为不能急于求成，尤其不要强迫孩子。当孩子有了宽容的行为时，要及时鼓励，给予强化。教孩子学会宽容别人，理解别人，不仅帮助孩子建立一套健康的与人交往的生活原则，同时，还赋予孩子一种生命智慧以及换位思考的能力。

3. 教会孩子懂得换位思考

许多孩子是独生子女，在娇生惯养的环境中长大。作为父母，首先要认识到，孩子只是家庭中普通的一员，不能享受更多的特权。孩子会自我尊重了，还要教会孩子尊重别人，教育孩子懂得尊重含义的另一面，那就是认识到他人也是同他一样需要尊重。

同时，父母要教育孩子，碰到与其他人有利益冲突的时候，不妨让自己吃一些亏。

4. 宽容从身边的具体事上做起

同学之间难免会有摩擦，只要不是原则性的问题，大可不必轻易动怒，如同学不小心撕坏了自己的本子，或是将墨水撒在了自己的衣服上，都应宽容同学，换位想一想，如果自己出现这样的事情，那又该怎么办呢？设身处地为别人着想，宽容了别人也就宽容了自己。

5. 学会以德报怨

有一位智者，和一个朋友结伴外出旅行。在行经一个山谷时，智者一不留神滑跌了，他的朋友拼尽全力拉住他。智者得救后，执意要在石头上镌刻下这件事情。他的朋友问："真的有必要这样做吗？"智者说："当然。"于是，他在石头上刻下了：某年某月某日，在经过某山谷时，朋友某某救我一命。刻完后，他们继续旅程。

有一天，在海边，两个人因为一件事情争吵起来，朋友一怒之下，给了智者一耳光。智者捂着发烧的脸说："我一定要记下这件事情！"他的朋友说："随你记，我才不怕！"智者于是找来一根棍子，在退潮后的沙滩上写下了：某年某月某日，在某某海滩上，朋友某某打了我一耳光。朋友看过之后不解地问他："你为什么不刻在石头上呢？"智者笑了，说："我告诉石头的，都是我唯恐忘了的事情，我要让石头替我记住；而我告诉沙滩的事情都是我唯恐忘不了的事情，我要让沙滩替我忘了。"朋友听了后，很惭愧，因为他明白了智者是多么宽容。

6. 告诉孩子为人要豁达

在人的诸多品性中，豁达是一种大气度，它让一个人的人生过的更洒脱。

古时有则小故事，说的是东汉大臣孟敏，他年轻时卖过甑（陶制炊具)。一次，他的担子掉在地上，甑被摔碎了，他头也不回地离去。有人奇怪地问他："坏甑可惜，何以不顾？"孟敏十分坦然地回答："甑已破矣，顾之何益。"

是的，甑再珍贵，再值钱，再与自己的生计息息相关，可它被摔破，已是无法改变的事实，你为之心疼如焚，顾之再三，又有什么益处呢？这就叫遇事豁达。

豁达能促使人保持乐观情绪。人生在世，常常是"不如意事常八九，可与人言仅二三"。遇到不如意的事情，如果是愤怒、焦躁、沮丧、惧怕、怯懦、憎恨，不仅使自己陷入懊恼与忧伤的恶劣心境不能自拔，而且因不能冷静坦然处置，反而火上加油，于事无补，甚至伤害自己与他人。

如果心胸豁达，自宽自慰，使自己保持一种恬淡、平和的心境，一个人就能充满乐观自信，就容易把注意力转移到有积极意义的事情上去，使精神状态处于最佳水平。此外，乐观豁达的心境，有利于调节人的情绪，起到保护大脑的功效，促使内分泌、免疫、心血管、消化系统等功能的正常运转，从而延缓人体器官衰老的进程。

在为人处世中，豁达大度是非常重要的。豁达的人，处于困境能够安忍，处于顺境乐于助人，无论处于何种处境，都能为生命找到出路，因此能随遇而安，随缘生活，随喜而作，随心欢喜。不管你是什么人，只要你有了一颗豁达的心，能包容一切，你就能团结他人，就能有与人合作的能力，做事就能事半功倍，从而能成就非凡人生。

1863年1月8日，恩格斯怀着十分悲痛的心情，把妻子病逝的消息写信告诉马克思。

过了两天，他收到了马克思的回信。信的开头写道："关于玛丽的噩耗使我感到极为意外，也极为震惊。"接着，笔锋一转，就说自己陷于怎样的困境。往后，也没有什么安慰的话。

“太不像话了！这么冷冰冰的态度，哪像二十年的老朋友！”恩格斯看完信，越想越生气。过了几天，他给马克思去了一封信，发了一通火，最后干脆写上：“那就听便吧！”

“二十年的友谊发生裂痕！”看了恩格斯的信，马克思的心里像压了一块大石头那样沉重。他感到自己写那封信是个大错，而现在又不是能解释得清楚的时候。过了十天，他想老朋友“冷静”一些了，就写信认了错，解释了情况，表明了自己的心情。

坦率和真诚，使友谊的裂痕弥合了，疙瘩解开了。恩格斯在接到马克思来信之后，高兴地回了信。他在信中说：“你最近的这封信已经把前一封信所留下的印象清除了，而且我感到高兴的是，我没有在失去玛丽的同时再失去自己最好的朋友。”

人生在世，难免会出现缺点和错误。一个人说错话、做错事时，总是希望得到别人的宽容和谅解。反过来，别人说错话、办错事时，自己也应当豁达大度，设身处地、将心比心地来给予谅解和宽容。一个人也只有拥有“海纳百川，有容乃大”的豁达心态，才能不为利所惑，不为名所累，才能活得轻松而快乐。对于成人是这样，对于孩子也是如此。

在日常生活中，难免会发生这样的事：亲密无间的朋友，无意或有意做了伤害你的事，你是宽容他，还是从此分手，或待机报复？有句话叫“以牙还牙”，分手或报复似乎更符合人的本能心理。但这样做了，怨仇会越积越深，而此时，如果一个豁达的人，他就绝对不会去计较这些，他会想象对方一定是出于无奈和无意。而给予理解或谅解，最后谁都不伤害谁。所以，孩子与朋友相处，如果孩子和别人发生冲突，友谊和利益不可兼得时，父母要让孩子用豁达宽容的态度，舍利取义，宁愿自己吃一点亏。

吃一点亏，宽容对方，表现出别人难以达到的襟怀，孩子的形象瞬时就会高大起来，他的精神就能达到一个新的境界，他的人格就能折射出高尚的光彩。

敞开心灵的窗户，拥有豁达的心胸，容天下事，打开一个明亮的世界，传德扬善中，孩子的人格就能得到很大的提升。这是每一个孩子必须做到的。

只要拥有豁达大度的心态，你就有了让自己的才华肆意彰显的舞台，成功之日也就不远了，因此父母要让孩子拥有一颗豁达的心！

如果有能力就尽量去帮助他人

一个人如果没有一个博大的胸襟，而让他去帮助一个人，尽管他是有这样的能力，而对方又是一个弱者的时候，他也是不会伸出援助之手的。因为博大的情怀不是表达出来的，而是缘于他的关爱，是广布于他人和社会的，而真心去帮助他人的人就是一个具有大胸襟的人。

临近过年的时候，A 女士看到超市的肉又好又便宜，就一次买了二十斤，十斤给奶奶，十斤送给了两口子都下岗的一户邻居。这事被他10 岁的儿子知道了，就不高兴地嚷嚷开了："凭什么要给他们，他们又不是我们家的人。"可见，这位女士的儿子的胸襟并没有妈妈的博大。

《圣经》里有一句话："你待人当如人之待你。"所谓以礼待人，即用你喜欢别人对待你的方式对待别人。

根据心理学家皮亚杰的研究，只有在两个人以上的关系中才有道德发生。因此，只有孩子开始与人交往的时候，道德意识才有可能萌发。教给孩子如何对待他人，其实是一种道德教育。

教育孩子关爱他人，首先要教育他关爱自己的亲人。因为孩子来到世上，首先接触的人际关系就是与周围的亲人的关系。一个不懂得关爱亲人的孩子，将揣着一颗自私和冷漠的心走向社会，他得到的将是孤独和冷寂；一个懂得关爱亲人的孩子，将揣着一颗友爱和宽容的心走向人群，他得到的将是温暖和接纳。

教育孩子关爱他人，尤其要教育他关爱和帮助弱者。鄙视不如自己的人是每个人都有的隐藏在本性里的冲动力量。一个人向着弱小者怀有鄙视的心态，他会在心里丢弃同情和正义，这样的孩子也容易向强横屈服，见着“羊”便显“狼”性，见着“狼”便显“羊”性。善待弱者的孩子，心里充满温柔和同情，他内心的冲动力量只为正义而发，这样的孩子将会拥有一种正直、伟大的人格。

教会孩子善待他人，就是为孩子幸福、成功的人生奠定了基础。

教育孩子应以正面教育为主。孩子初涉人世，对人世间的很多问题都是初次认识、初次体验，家长应尽可能地排除负面干扰，让孩子受到正面的、积极的影响，并且要尽量用孩子容易接受的语言，晓之以理、循循善诱，切忌空洞的说教。

我们经常看到家长在街头遇到擦鞋人或者民工的时候，对身边的孩子说：“你要好好学习，不然以后长大了就跟他们一样了。”看到乞丐，更会显出鄙夷的神态说“这是假的，不要给他们钱，这些人都是骗子”，然后带孩子远远绕开。孩子的心灵是纯洁的，听到家长这样说，孩子会错误地认为，那些民工都是因为不好好学习才这样的，而且他们的职业是很低级的。面对父母眼中的乞丐，孩子也很容易失去基本的同情心，取而代之的是对社会和他人的不信任，从而产生一种冷漠的社会情绪。家长应尽量给孩子施舍的机会，并正面引导他们，靠自己的双手自立自强。

关爱和帮助别人，不仅是对别人的尊重，也是自己的责任。

在南北战争时的美国，有一天，黑人小孩汤姆一个人在田埂边玩，看到一个男人倒在沟里，身上还流着血，看了很让他害怕。这个看起来好像被人刺了几刀的人，已经奄奄一息了，如果不管的话，他肯定是要死的。但要帮助他，周围都没有人，而他爸爸妈妈也都打工去了，家里只有他一个人。汤姆的妈妈给他包扎过伤口，汤姆知道怎么做，他跑回家拿上绷带和酒精，给那个受伤的人包好了伤口。然后，拿出家里本来就不多的干粮和一大壶水。受伤的男人喝过水后醒了过来，在他能走的时候他对汤姆说“谢谢你孩子！”十多天过去了，那个被汤姆救过的人驾着一辆马车来到了汤姆的家，带来了许多吃的和生活物品，还给了他们许多钱。原来那个人是贵族，在回家的路上被人抢劫，幸亏有汤姆出手搭救，才大难不死。

不见得每个人都会碰到这样的事，但是不可否认的是，一旦孩子以积极的心态真诚地对待人生旅途中的每一个人，即使不可能每一天都是和风细雨，但周围人都会对他报以微笑。还有什么比拥有一颗能容天下的心更有意义的呢？

从小培养谦虚的品格

谦虚是一种低调做人，彰显博大胸怀的一种优秀品质，相反，骄傲所表现出的则是一种傲慢和偏见，其实质是一种不能融之于人的浅薄心态。

孩子，特别是聪明的孩子常容易产生骄傲自满的情绪，父母应该给予积极的引导，使其心理健康发展。在现实生活中，孩子往往由于学习成绩较好或者某方面有特长而经常受到家长和老师的表扬，这种太多的表扬常常会误导孩子，使他们不能正确认识自己，于是就会滋长骄傲情绪。他们会因此夸大自己的优点，看不到自己身上的问题，而把别人看得一无是处。他们听不进别人的善意批评，总是处于盲目的优越感之中，就会逐渐放松对自己的要求，因此导致成绩下降，表现也就不再那么优秀了。对这样的孩子，家长应该及时予以纠正，让他们正确认识问题。

那么，怎样培养孩子谦虚的品格呢？

1. 要正确地认识自己和看待自己

父母要教育孩子能正确地认识自己和看待自己，既要看到自己的长处，又要看到自己的缺点、弱点，特别要以严格的态度要求自己。只有正确对待自己，才能扬长避短，更好地前进。

孩子产生骄傲的情绪往往源于自己的某方面特长和优势，父母应该先分析这种骄傲的基础，是学习成绩比较好、有某方面的艺术潜质，还是有运动天赋等。然后应让孩子认识到，他身上的这种优势只不过限定在一个很小的范围内，放在一个更大范围就会失去这种优势，并且优势往往是和不足并存的，同时应该努力弥补自己的不足。

父母教育孩子，虽然取得了一定的成绩，但人外有人，天外有天，要始终把目标树立在更高的目标上。

另外，不正确的比较往往也容易滋长骄傲情绪。在集体中，若以己之长与别人之短相比较，这样比较的结果，自然容易沾沾自喜，自以为什么地方都比别人强，因而看不起别人。父母应该开阔孩子的胸怀，引导他们走出自我的狭小圈子，带他们到更广阔的地方走走，陶冶他们的情操，让他们了解更多的历史名人的成就和才能，以丰富的知识充实头脑，使之变骄傲为动力。

2. 要认清自满的危害

盲目骄傲自大的人就像井底之蛙，视野狭窄，自以为是，严重阻碍了自己继续前进的步伐。科学家巴夫给青年人的一封信中这样写道：“切勿让骄傲支配了你们。由于骄傲，你们会在应该统一的场合固执起来。由于骄傲，你们会拒绝有益的劝告和友好的帮助。而且由于骄傲，你们会失掉客观的标准。”

中国古人讲：“骄傲自满必翻车”。什么时候骄傲自大，自满自足，那么他就会停止前进的脚步。虚心使人进步，骄傲使人落后，这是被历史一再证明了的颠扑不破的真理。只有不断克服骄傲自大的缺点，才能培养谦虚谨慎的美德。

3. 要明白自信和骄傲的区别

自信是一种积极的人生态度，它能使人乐观上进；而骄傲是对自己的不全面认识，是盲目乐观，常会让人不思进取。对于父母来说，应该培养孩子的自信心，但不能让他们滋长骄傲自满的情绪。在形式上两者有很大的相似性，常会让人迷惑，孩子们常会把自己那点小得意看做是自信的表现，这时父母应该让孩子分辨出两者的区别。

家长应该让孩子认识到骄傲也是健康成长的绊脚石，任何成绩的取得只能是阶段性的、局部的，只能作为一个起点。在学习上，知识是无边的海洋，如果一时一事领先就忘乎所以，恰恰是知识不够、眼界不宽的表现。“满招损，谦受益”，家长应有意识地给孩子介绍一些成功者的经验，告诉他们古今中外凡是有所作为的人都是在取得成绩后仍能保持谦虚奋进的人。

4. 始终把同伴、同学和周围的人看做学习的榜样

人与人之间，都应该平等相待，肝胆相照，决不可盛气凌人，也不可妒忌别人的进步。不要沾沾自喜，不要目中无人，要正确认识个人与集体、与他人的关系，不要贪天之功归于己有，有了成绩首先要想到集体和他人。

5. 能正确地面对批评建议

正确面对批评和建议是终身的学问。骄傲自满往往也和不能很好处理别人的批评和建议有关。

批评往往直指一个人的缺点，如果一个人能够接受批评，他就能够比较清楚地看到自己的缺点。对于孩子来说，他在自我评价时常会出现偏差，原因是“不识庐山真面目，只缘身在此山中”，若能经常听取别人的意见或建议，就能不断充实和完善自己。

屏弃嫉妒的心理

“嫉妒”是指认为别人在某些方面比自己强，并认为可能会危及自己的利益而引起的忌恨与不满，它是一种原始的情感，是人类心理中的本能性表现。嫉妒心强是心理发育幼稚的表现。是一种典型的心胸狭窄病，有人把嫉妒心严重的人称为“不成熟”的人或“缺乏社会性”的人。

曾有人这样的讽刺爱嫉妒的人：“好嫉妒的人会因为邻居的身体发福而越发憔悴。”有一位名人也曾说：“嫉妒是万恶之源，怀有嫉妒心的人不会有丝毫同情。”

有这样一个故事：

有个人幸运地遇见了上帝。上帝对他说：“从现在起，我可以满足你的任何愿望，但前提是你的邻居必须得到双份。”那人听了喜不自禁，但仔细一想后，心里很不平衡：“要是我得了一份田产，那邻居就会得到两份田产；要是我得了一箱金子，那他就会得到两箱金子……”那人想来想去，不知该提出什么愿望，因为他实在不甘心让邻居占了便宜。最后，他咬咬牙对上帝说：“万能的主啊，请挖去我的一只眼珠吧！”

这就是一种典型的嫉妒心态在作祟，为了不使邻居占上一点儿便宜，他丢掉了上帝对他的恩赐；为了让邻居承受更大的痛苦，他宁愿选择自己也受痛苦。这不能说不是人性的悲哀！如果让人类的这种心态恶性循环下去，所有美好的东西都将成为嫉妒的陪葬品。

法国大思想家卢梭曾说：“人除了希望自己幸福之外，还喜欢看到别人不幸。”这句话不仅道出人类容易嫉妒的心理，还说明社会中有嫉妒心理之人的存在。

嫉妒心理是一种较为普遍而又不太正常的心理，它不同于正常的好胜心和进取心。正常的好胜心和进取心，是当别人比自己强时，心胸豁达，用心找到自己不如人的薄弱环节，力争创造条件超越别人。具有嫉妒型性格的人，喜欢怀疑、心理压抑、对人嫉妒、疑神疑鬼、以自我为中心，不易相处，固执己见，不易接受别人的意见，处事刚愎自用，容易急躁。他们经常感到自己某一方面不如对方，或自己在某一方面受到了侵害——但多数情况是无根据的怀疑。更可怕的是，嫉妒的人常常会采取错误、偏激的行动。

嫉妒的害处很大，对于嫉妒者本身来说，它是本质上的疵点。一个充满朝气的孩子，一旦受到嫉妒情绪的侵袭，往往会头脑糊涂，停滞不前，甚至丧失理智，处处以损害别人来求得对自己的补偿，以致干出种种蠢事。嫉妒不仅危害嫉妒者本人，对于一个集体来说，它还是团结的腐蚀剂。嫉妒具有极大的分化力量，它会使集体四分五裂，成为一盘散沙。一个班级如果有几个好嫉妒的同学，就会矛盾层出，摩擦不断。可以毫不夸张地说，嫉妒就像一条暗藏在心灵深处的毒蛇，它不仅分泌毒汁毒化自己的心灵，而且还不时钻出来伤害别人。因此，嫉妒一向受到人们的唾弃与斥责。

为了孩子的健康成长，家长必须帮助他们克服嫉妒的性格和心理。

1. 要培养孩子分析思考问题的能力，使孩子的理智得到较好的发展

如果家长设法使自己的孩子养成分析问题、研究问题的习惯，孩子的情感就会不断丰富，心理就会日趋成熟。由此，家长会发现，即使你的孩子对某人产生了嫉妒心理，也会很快被理智的思考所抑制。

2. 要教给孩子客观地看待和分析问题的方法，使孩子能够正确地认识自己，正确地对待别人

平时，家长要有意识地设置环境，创造氛围，让孩子从日常的生活中，从家长的处世哲学中，认识到一个人的才华、能力再多、再强，也是有限的。在大千世界中，“强中更有强中手”“人人不如己，处处占上风，事事要拔尖”的人，事实上是做不到的。因此，如果自己在某些方面不如别人，也要泰然处之。

3. 要陶冶孩子的“海涵度量”和“气质风度”，使孩子具有博大的胸怀

一般情况下，有嫉妒心理的孩子，自身都有一定的性格弱点。如与人交往时，喜欢让所有人围着自己转；当不能成为社交中心时，就会发脾气；喜好受人称赞，当听到有人夸别人时，就不高兴；不会感谢人，易受外界影响等。

对有性格弱点的孩子，家长要悉心引导。在孩子面前，对获得成功的人多加赞美，并热情鼓励孩子虚心学习他人长处，积极支持孩子通过自己的努力去超越别人，战胜自己，使孩子的嫉妒心理得到正当的发泄。千万不可盲目抬高孩子，贬低别人，以满足孩子暂时的心理平衡。对遭到不幸的人尽力给予同情，不可纵容孩子幸灾乐祸，以助长孩子的嫉妒心理。对孩子的挫折，既不能简单粗暴，也不能视而不见。要耐心地同孩子一起进行认真的理性分析，帮助孩子找到失败的原因，支持孩子再作努力，从而使孩子经得起任何风吹浪打，对别人的成功感到由衷的高兴，对他人的不幸给予深切的同情，对自己的失败具有再造成功的信心。决不可让孩子怨天尤人，垂头丧气，一蹶不振。

4. 要增强孩子的竞争意识，使孩子在强手面前，在困难当中，在挫败之时，仍能以坚强的意志去顽强拼搏

社会心理学家的一项研究发现，成就最大和最小的人之间最明显的差异，不在于智力水平，而在是否敢于竞争，敢于拼搏。而嫉妒心理，是敢于竞争与拼搏的障碍。家长要使自己的孩子在人生的长河中始终立于不败之地，就要注重在日常生活、学习中，着力启发孩子学习胜者，

见贤思齐，同时具备迎难而上，经得住磨难的精神。切莫害怕孩子吃了苦，受了难。这样，才能逐渐削弱孩子的嫉妒心理。

从小就要有自己的理想和目标

一个胸无大志的人，在他的一生中是很少能做出什么不同凡响的大事来的，许多实践证明，名人和伟人多数都是从小胸怀大志。

美国第42任总统克林顿，平心而论，算不上天才人物。他能登上美国总统的宝座，与他中学时代的一次活动有一定关系。

克林顿的童年很不幸。他出生前4个月，父亲就死于一次车祸。他母亲因无力养家，只好把出生不久的他托给自己的父母抚养。童年的克林顿受到外公和舅舅的深刻影响。他自己说，他从外公那里学会了忍耐和平等待人，从舅舅那里学到了说到做到的男子汉气概。他7岁随母亲和继父迁往温泉城。不幸的是，双亲之间因意见和秉性不合而时常发生激烈冲突。继父嗜酒成性，酒后经常虐待克林顿的母亲，小克林顿也经常遭其斥骂。这给从小就寄养在亲戚家的小克林顿的心灵蒙上了一层阴影。

坎坷的童年生活，使克林顿形成了尽力表现自己，争取别人喜欢的性格。

他在中学时代非常活跃，一直积极参与班级和学生会活动，并且有较强的组织和社会活动能力，他是学校合唱队的主要成员，而且被乐队指挥定为首席吹奏手。

1963年夏，他在“小学模拟政府”的竞选中被选为“参议员”，应邀参观了首都华盛顿，这使他有机会看到了“真正的政治”。参观白宫时，他受到了肯尼迪总统的接见，并同总统握手合影留念。

此次华盛顿之行是克林顿人生的转折点，使他的理想由当牧师、音乐家、记者或教师转向了从政，梦想成为肯尼迪第二。

有了目标和坚强的意志，克林顿此后30年的全部努力，都紧紧围绕这个目标。上大学时，他先读外交，后读法律——这些都是政治家必须具备的知识修养。离开学校后，他一步一个脚印，律师、议员、州长，最后是政治家的巅峰——总统。

克林顿的故事表明：一个人在很年轻的时候就应当怀有远大的理想，确立自己的奋斗目标。而且目标不妨定得高些，这样才能赢得辉煌的人生。

是的，人生不能没有理想。在生活中，许多人埋头苦干，却不知为了什么，到头来终于发现了自己梦寐以求的东西，却为时已晚。因此，给自己设定一个目标，这是人生最重要的一件事。

美国杜邦公司的副总裁卡尔夫曾经说过：“最悲哀的事情莫过于有那么多的年轻人，从来就不知道自己想要干什么。在工作中获得的仅仅是薪水，而其他的却一无所获，这是件让人多么伤心的事情啊！”

正如卡尔夫所说，越来越多的人不知道自己正在干什么，也愈来愈不了解自己的需求了。为了避免这种情况，首先应该进行职业生涯规划，明确自己的职业目标，了解个人的爱好兴趣。

所谓职业生涯规划，指的是根据对自身主观条件和客观环境因素的分析，确立自己的职业生涯发展目标，选择实现这一目标的职业，以及制订相应的工作、培训和教育计划，并按照一定的时间安排，采取必要的行动实现职业生涯目标的过程。

专家指出：人生作职业规划的最佳时期是在高中时代，因为高考是人生的第一次职业定位，这时如能清楚地知道自己的优势和劣势，兴趣和特长，以此为据选择志向，以后的各阶段，可根据具体情况进行不断的修改和完善。

有的人对职业规划有认识，但作出职业规划后，在执行上自作主张或自己不去执行，就像到医院，大夫给开了汤药，他怕苦不肯吃，开了药针，他怕疼不肯打，自己做主。结果，病是看了，方是开了，但病没治好，出现开花不结果的现象。

如果一个人的理想职业需要的5个条件，他觉得自己只具备2或3个，那么就需要付出努力，补充一些知识，把自己缺少的一个个条件添上。这样，职业生涯规划就等于直接、间接地促进了他的能力的提高。

得体的目标是成功人生的出发点，同时也是促使一个人去实施规划的巨大动力。它鼓舞和鞭策一个人排除一切阻力和干扰，不徘徊、不犹豫、不妥协，勇往直前，全心致力于理想的实现。因此，一定要让孩子从小重视职业生涯规划。

有些人也许只希望做个平平凡凡的人，到时候自然地结婚生子。有了孩子，自然就变成了父母亲。一切都是水到渠成，反正“船到桥头自然直”，这并非什么“大梦”呀！当然，任何人都应该有自由选择其生活方式及生活价值的权利。其实，愿意“平凡”过一生，本身就是一种生活态度，这便是一种选择，经过选择的理想就是人生的目标。

一个人“生命的目标”“生活的目标”对其未来的发展影响是非常大的。它是对未来拟定蓝图作个计划，对人生作一个统筹，作一个肯定，抉择自己一生做个什么样的人。

我们也常听人说，人生的目的不外乎“名”“利”或者“权”；这些“名”“利”“权”并不具人生的终极价值，而只具有“工具”的价值。追求真善美的自我实现则具有终极价值，名、利、权固然可以作为服务人类、领导国家等的工具，但这也如同炸弹一样，处之不慎则易害人害己，也有人说人生的目的在求温饱，那其实是——胸无大志。

人的潜能无限，但在求真、求善、求美各方面的潜能，却都是有限的。我们追求人生的价值，必先求温饱，但人生尚需更上一层楼——实现个人的潜能。

七　让孩子懂得感恩

——懂得感恩是提高孩子社会责任的最大动力

感恩一词的真正意义，不在于“感谢”和“回报”，而在于对于别人或社会给自己提供的帮助、服务或给予的支持，应该在心里想到、感受到，而且是谨记在心，一有机会和能力就知恩图报，而不是“装聋作哑”，认为是理所应当。一个人只有从小就懂得感恩，他才会心怀自己，也心怀他人和社会，成为一个对社会有价值和有贡献的人。

让孩子知道感恩

感恩是对自己有帮助的人或组织，有感谢之心，有回报之情，有报答之举。一个有感恩之心的人，不以冷漠的眼光看世界，做事情不会只想到自己。这样的人，仁爱而又成熟。生命之河因感恩而不再干涸，感恩让生命不再荒芜。

感恩是一种心态。常怀感恩的人，才能以积极的心态处事；常怀感恩的人，才能不怨天尤人；常怀感恩的人，才能坦然面对一切。许多人面对人生的一点不顺，便开始抱怨：抱怨上帝不公，抱怨人情淡薄、人性黑暗，抱怨命运多舛、时运不济。其实，不论身处何种境地，只要常怀感恩之心，便会感觉到身边的温暖，在你的身边，还有许多人在默默地支持你、祝福你。拥有感恩之心的人，必将拥有肯定自我、超越自我的力量。失败时，感恩的力量助你前行；成功时，感恩的力量让你不骄不躁。

感恩意识是靠父母从小培养的。正确的做法应该是：在孩子刚刚懂事时，就要教会他对别人表达谢意。不管是谁为你做了什么，都要说声谢谢，家里的亲人也不例外。

10岁的乔治由妈妈陪伴着做作业到深夜。第二天，妈妈在桌上发现一张纸条："妈妈，真诚地感谢你给我讲题，并陪我到深夜。和妈妈在一起的时候，是我最幸福的时候。"

15岁的杰克由于早上起来觉得身体有点不适，因此耽误了上学的时间，爸爸开车送他到学校。杰克在离上课还有两分钟，时间紧迫的情况下，还不忘感谢爸爸："谢谢爸爸！要不是您送我，今天非迟到不可！"

5 岁的迪皮拿到爸爸给他买的小皮球，在说声谢谢的同时，没有忘记给爸爸一个拥抱和一个吻。

这就是最基本的感恩。不管是什么人，在接受了别人的服务、得到了别人的帮助后，哪怕已经付了酬金，也还应真诚地报以微笑，并说声谢谢。一个人处在这种轻松愉快和相互谦让的和谐氛围中，胸中就会油然而生一种暖意，人间就会多一分理解和温馨。

我们首先要对父母感恩，是父母给了我们生命，把我们带到了这个美好的世界，又给我们创造了生存必需的条件。这个恩我们今生今世能报答得了吗？乌鸦尚有反哺之情，何况我们人类呢？

还要对朋友及同学感恩，是他们给了你珍贵的友谊和无尽的欢乐，这种友谊是最值得永久珍藏的。

更要对老师感恩，是老师无私地教给了你丰富的知识和怎样写好一个“人”字。

还要真诚地对这个社会感恩，感谢社会的安定，感谢自己生长在政治安定、经济繁荣的好时代。

还要对大自然的福佑感恩，是大自然的一山一水、一草一木、一鱼一虫，给你的生活增添了诸多情趣。

更要对逆境、挫折和磨难感恩。正是这些“不利因素”促使你奋发有为，使你变得机智、勇敢、豁达、大度，使你的人生跌宕多姿。

有了感恩之心，人与人、人与自然、人与社会就会更加和谐、融洽、亲密，我们自身也会因为这种感恩心理而变得愉快和健康起来。因此，把感恩之心比作生命的营养素，那是再恰当不过了。有越来越多的孩子过着饭来张口、衣来伸手的日子，他们无法得知这些伸手可得的事物，是如何通过艰辛的劳动而得来的。

父母对子女的爱是无私的，是不求回报的，然而“施恩不图报”是施恩者的美德，“知恩图报”是受恩者的良知。知恩图报是对孩子最起码的要求，要让孩子在心里保有一份爱。

爱孩子，就应该在你忙的时候，让孩子帮你做些家务；在你累的时候，让孩子为你捶捶背；在适当的时候，让孩子做些力所能及的事。让孩子从平常的生活小事中感受到你对他的爱，也因此而爱你，在爱中领略被爱。孩子渐渐长大，在遇到困难和挫折时，才会怀有一颗感恩的心。

年幼的孩子虽然不能给予父母、兄长、老师、长辈们物质的帮助，却可以用自己的良好表现回报这些人，使这些人得到内心的宽慰。

有一颗感恩的心才能坦然过一生

知道感恩的人，他可以很坦然地对自己说，上不愧天，下不愧地，外不愧人，内不愧己。而不知道感恩的人，只是一只冷血的虫子，是没有人性的。曾有媒体报道：

农民陈帮顺有三个儿子，大儿子小良考上了大学。为了供小良完成学业，年近50岁的陈帮顺和病弱的老伴连续6年不得不靠打零工挣钱。然而，小良自读大学后，整日沉迷于网吧，荒废了学业，直到被学校退学。当有记者找到这个逆子的时候，他竟然对记者说：“我爸在电视台这么说我，他有病，他是一个残酷无情的人……”

看到这个不知羞耻的儿子，大家一定觉得很震惊，可能大家都觉得这只是一个离自己很遥远的故事，没有谁会从这个故事想到自己的家庭教育。其实仔细想一想，类似的事可能正在我们的身边发生着。

当你把辛辛苦苦挣来的钱放到孩子手中，想让他吃得好一些时，你有没有发现，他却拿着这些钱走进了网吧？

当你苦口婆心规劝自己的孩子要上进时，你的孩子是不是根本就不以为然，甚至对你怒目相向，摔门而出？

饭菜、衣服、日常用品，给孩子的都是最好的，但是孩子却把这些看做理所当然，有好的东西也会首先想到自己。

碰到这些情景的时候，大家基本上都会感到心寒，然后就是抱怨、责骂自己的孩子，很少有家长在这个时候反思自己的家庭教育。

无疑，爱孩子是每一位父母的本能，为了孩子，家长都会倾尽所有、不求回报。再加上现在的孩子大多是独生子女，父母即使再苦再难，也不舍得让孩子分担家庭困难，尽量让孩子吃好的、穿好的。这样，孩子在顺境中长大，便会把父母的无偿恩赐视为平常，认为自己理应享受衣食无忧的生活。还有一些孩子，一遇到挫折就想不开，觉得这个世界不公平。因为他们从小习惯了父母无条件的关爱，甚至认为社会也应无条件地眷顾自己。正是这种“不求回报”的爱，使孩子变得自私，事事以自我为中心，不懂得体谅他人，更不知道感恩。

所以，爱的付出也应该有讲究，“不求回报”的爱并非都是好的。在家庭教育中，家长给孩子的爱应该是“要求回报的爱”，那就是教育孩子不单要接受爱，更要献出爱。孩子从小学会爱别人，是孩子健康成长、适应社会的必修课。“爱”的前提就是拥有一颗感恩的心。因此，教孩子学会感激他人，是父母“爱”孩子、教育孩子的重要内容。

父母是孩子的第一任教师，家庭是孩子的第一个课堂，其实每一个孩子的身上都带着父母的影子，都带着家庭教育的影子。父母在日常生活中无意间说出的话、无意间作出的行为，都会对孩子产生潜移默化的影响。所以，在家庭生活中，家长应时时处处当好孩子的“老师”。

俗话说：“言传不如身教。”家长的身体力行胜过一切言语。所以，首先，家长要对生活怀一份感激之情，感谢生活本身的美好，感谢那些给你帮助的人和那些需要你帮助的人，孩子一定会看在眼里记在心上。

你给生活种下什么样的种子，你将收获什么样的花朵。日常生活中的小事最真切、最有影响力，给孩子的感受也最深刻。所以，无论平时工作有多忙、多累，都要在假期带上孩子去看望双方的老人，过年过节、老人生日时和孩子一起为老人选购礼物，吃饭时让长辈先吃，朋友送来的稀罕食品先给老人留出一份等。家长对长辈的关爱言行，在不知不觉中会慢慢感染孩子，这些关爱的言行举止也会印刻在孩子的心中。

要给孩子感谢的机会。当孩子想要帮助你做事情的时候，父母一定不要再说“你把书读好就行了”。因为父母最大的责任不是让孩子学会读书，而是让他学习做人，这是他能把书读好的基础。孩子只有懂得付出、懂得回报，才会懂得珍惜、懂得体谅他人。家长应让孩子做力所能及的事，给孩子一个表现和感恩的机会。

在生活中，经常对孩子说别人的好，比如：这衣服是爸爸给你洗的，他那么辛苦，你应该给他捶捶肩。你现在会看书写字了，应该谢谢老师教你知识……感谢是美德中最微小的，忘恩负义是恶习中最不好的。从一点一滴做起，孩子就会是非分明，具有较强的善恶美丑观。

有这样一件真实的事：

一次，一位妈妈带着12岁的儿子去溜冰。回家时，儿子对妈妈说：“妈妈，我今天又滑了那么久，旁边的阿姨还夸我溜得好呢，是不是应该买个玩具奖励我？”这位妈妈对于儿子的要求是这样答复的，她说：“妈妈花了半天的时间陪着你去玩，我想看书也没看，还花钱给你买溜冰鞋，让你又学了一样本领，你应该感谢妈妈才对。”她以为这样回答，孩子不一定听得懂，可儿子似乎听懂了，竟然安静了下来，还说了一句“谢谢妈妈”。

孩子就像一张白纸，需要家长指导他在自己生命的画纸上画画、着色。而家长在操心孩子衣食住行的时候，在耐心教育孩子的时候，在无私地为孩子奉献的时候，记得及时要求他们的回报。知道感恩的孩子，才会常常怀有慈悲和怜悯之心，才能乐观面对一切。

从小教导孩子增强感恩的意识

因为所有的孩子都是在别人的付出和抚育下长大的，所以，从小就对孩子进行感恩意识的教育意义更大。

美国洛杉矶郊县的一个早晨，一位中国游客在一所旅馆大堂的餐厅里就餐，看见自己右前方有3个黑人孩子，正趴在餐桌上写着什么。当他询问时，看上去大一点的孩子回答说正在写感谢信。

他一副理所当然的神情让这位中国游客满脸疑惑。这3个小孩一大早起来写感谢信？他愣了一阵后追问道："写给谁的？""给妈妈。"

这位中国游客充满了好奇。

"为什么？"他又问。

"我们每天都写，这是我们每日必做的功课。"孩子回答。

哪有每天都写感谢信的？这位中国游客感到困惑不已！凑过去看了一眼他们每人手下的那摞纸。老大在纸上写了八九行字，妹妹写了五六行，小弟弟只写了两三行。再仔细看其中的内容，却是诸如"路边的野花开得真漂亮""昨天吃的比萨饼很香""昨天妈妈给我讲了一个很有意思的故事"之类的简单句子。

这位中国游客心头一震。原来他们写给妈妈的感谢信，是记录他们幼小心灵中感觉很幸福的一点一滴，而不是专门感谢妈妈给他们帮了多大的忙。他们还不知道什么叫大恩大德，只知道对于每一件美好的事物都应心存感激。他们感谢母亲辛勤的工作、感谢同伴热心的帮助、感谢兄弟姐妹之间的相互理解……他们对许多我们认为是理所当然的事都怀有一颗"感恩的心"。

这就是感恩，它不一定要感谢大恩大德，但它可以是一种生活态度，一种善于发现美并欣赏美的道德情操。

很多父母都说，现在的孩子真的不知道感恩。这种现象的造成原因可能是多方面的，但其中重要的原因之一，就是无论家庭、学校还是社会，都忽视了从小对孩子进行感恩教育，这样就导致孩子索取的多，付出的少，缺乏爱心，不懂得感恩惜福。不会感恩的孩子长大后不可能懂得体谅他人，关心他人，也难以与人交往、融入社会，更谈不上爱党爱国。因此，帮助孩子从小养成感恩的习惯非常重要。

告诉孩子，“感恩”是很珍贵、很美丽的情感，有爱、有触动才会有感恩，把它写下来，也一定会是最真挚的文字。一个人如果习惯于感谢他人，他将得到他人的信任和喜欢。一个人如果习惯于感谢生活，他将得到生活的眷顾和宠爱。所以，你应该把大家为你做的点点滴滴记录下来，这样你也会越来越懂得珍惜和感激。如果若干年后再看到这些日记，一定感慨良多，无形中也为自己留下了珍贵的记录。此外，这样的日记写多了，自然会有鲜明的感恩意识，从而自愿地去做更多感恩的事，例如学会了关心，体贴父母。

感恩既然是一种可贵的品质，父母就有必要从小抓起。

1998 年 1 月 28 日，全球 27 位诺贝尔奖获奖者相聚法国首都巴黎，会议期间，有人向一位诺贝尔奖获奖者请教：“您是在哪所大学、哪个实验室获得重要知识的？”

出人意料的是，这位白发苍苍的获奖者回答说：“在幼儿园。”

提问者一下子愣住了，但他接着问：“那您在幼儿园学到了哪些最重要的东西呢？”

这位老科学家耐心地说：“我学会了把自己的东西分一半给小伙伴；不是自己的东西不能拿，用过的东西要摆放整齐，吃饭前要洗手，午饭后要休息，做错了事要表示自己的歉意，仔细观察周围的大自然……”

这位老科学家的一席话是多么耐人寻味啊！因为难以想象的是，在平时看来最平常的行为习惯却成就了他最辉煌的事业。在幼儿园学到的基础的东西，直到老年时还记忆犹新，可见留下的印象是非常深刻的。

苏联教育家苏霍姆林斯基曾说："良好的情感是在童年时期形成的，如果童年蹉跎，失去的将无法弥补。"对幼儿进行感恩教育有利于培养幼儿的爱心和同情心。感恩，首先要从孩子小的时候开始，要在孩子这个年龄段根植感恩思想。

布鲁纳曾经说过：孩子是天生的心理学家，他们非常敏感。孩子的情感心理是一片"空白"，一旦有情感或者价值输入，他们一定敏于接纳。但另外一方面，因为是空白，他们没有经验，还不知道感恩和被感恩之间的交换和沟通关系，所以在孩子"既敏感又未成熟"的阶段施以感恩教育，是必要的，也是科学的。这个时期培养得好，以后只要顺其自然，孩子自然能成为社会的优良分子；倘使培养得不好，那么习惯成了不易改、倾向定了不易移、态度决了不易变。所以说，培养孩子好习惯也就是关键的那么几年时间，错过了再培养就很难奏效了。

增强孩子的感恩意识从日常生活之中开始。

让孩子从小就浸润在感恩的环境里，真心感受，再通过大人的言传身教，使之耳濡目染，并内化于人格之中。

作为父母，要利用一切可以利用的契机对孩子进行教育，如：告诉他这件衣服是爸爸给你买的，你要感谢爸爸。这本书是哥哥姊姊送你的，你要谢谢哥哥姊姊。总之，要时时言感谢，事事存感恩。

最后，父母对于孩子感恩的习惯要给予鼓励与支持。

生活中，许多孩子向父母表示"您辛苦了"的时候，父母往往说"傻孩子，你不用这样……"这就把孩子自发的感恩之心给扼杀掉了。有这样一件事情：

一个早晨，天还没亮，儿子轻轻地来到爸爸的床前，轻轻地把他摇醒，对他说："爸爸，今天是妈妈的生日，借点钱可以吗？我要去给妈妈定个生日蛋糕。”这位爸爸感到无比的激动，说：“儿子，你真棒！你能有此孝心我支持你！”于是，他让孩子用自己的方式表达了对母亲的爱。在后来，奶奶过生日的时候，孩子用了自己积攒的零花钱为奶奶定制生日蛋糕。

因此，作为父母，千万不要将孩子的感恩萌芽掐掉，而应给予鼓励与支持，从教育他们感恩自己的父母做起直至懂得感恩他人、感恩社会、感恩万物。

总之，种下什么花，结下什么果。播下一个行动，收获一种习惯；播下一种习惯，收获一种性格；播下一种性格，收获一种命运。一种良好习惯的养成需要父母点点滴滴地培育，感恩亦如此。

让孩子真正地明白为什么要感恩

感恩要源于心，做样子给人看便是虚伪的，源于内心的感恩才具有实际意义。

作为三个孩子母亲的唐娜认为慈善是孩子生命当中非常重要的一门课程。

2000 年 3 月，菲利普·柏柏以 4.88 亿美元的价格卖掉了他苦心经营的赛博公司。同一年，他和他的妻子唐娜用 1 亿美元创立了“希望之光”——一个旨在帮助埃塞俄比亚人的救助组织，创建这样一个组织是唐娜的主意。

唐娜 20 多岁的时候非常崇拜鲍伯·吉尔朵夫，这位著名的摇滚歌手有感于埃塞俄比亚触目惊心的饥荒，与另一位歌手联合创作了一支单曲——《他们知道圣诞节吗?》，并邀请众多明星举办演唱会，用门票收入来帮助埃塞俄比亚的人们。

唐娜生下三个孩子之后，生活对她来说非常得舒适，她常对媒体讲唯一觉得不舒服的是，“我知道我还应该多做点事情”。1999 年，唐娜在家乡奥斯丁遇到一位女士，这位女士刚刚收养了两个埃塞俄比亚的孩子。这件事启发了唐娜，她马上联系埃塞俄比亚驻美国大使特默鲁，大使建议唐娜亲自到埃塞俄比亚去看看，唐娜接受了他的建议。埃塞俄比亚之行深深震撼了唐娜，在她目光所及的地方，贫穷、悲伤和绝望无处不在。从埃塞俄比亚一回来，唐娜马上打电话给特默鲁，请他立即到奥斯丁来。在那里，他们创立了“希望之光”。

作为母亲，唐娜认为慈善是孩子生命当中非常重要的一门课程。每年去埃塞俄比亚的时候，她都要带上孩子们。现在，她最小的儿子刷牙的时候会记得把水龙头关紧，因为在埃塞俄比亚他看到了水的重要，而她 18 岁的大儿子赖安则会非常主动地参与“希望之光”的活动，上大学之前他请了一年的假，那段时间里，每个星期他有四个早晨会呆在“希望之光”做一些力所能及的事，再用一个早晨跑到儿童群益会去做义工。

唐娜的热情甚至打动了自己的丈夫，2001 年 2 月，卖掉了赛博企业的菲利普加入了她的慈善事业。

从以上的介绍中，我们可以感到唐娜是一位非常令人感动和敬佩的母亲，她的伟大在于在她的内心充满了爱和善良。慈善是孩子生命当中非常重要的一门课程。现在的小孩大多是独生子女，他们上有祖父母、外祖父母、父母的呵护，甚至有的还有曾祖父母、曾外祖父母的呵护。如此一来，孩子的教育成了大问题。有人说，别把孩子当宠物，但现今许多家庭皆如此。他们把孩子捧在手里怕掉了，含在嘴里怕化了，结果这些孩子都习惯以自我为中心，享受太多的爱却不太懂得关心体贴父母长辈，不太懂得节约，更别提珍惜、感恩、幸福这些词的含义。为让孩子学做一个有情有爱的人，我们有必要让孩子们知道他们有多么幸福，知道社会上还有一些贫困人群饥寒交迫、奔波劳苦。

作为父母，不妨带孩子去做一些慈善活动或者带孩子去儿童福利院看看那些和我们一样生活在同一片蓝天下，但生活方式却与我们迥异的孩子，陪他们玩，帮他们做些力所能及的事情，把我们的爱传递给他们，让我们的小公主小皇帝们也慢慢学会爱。同时，教会孩子关注弱势群体、关心社会公益事业，用一颗感恩的心，做一些力所能及的事来回报社会。千万别让孩子生活舒适了，爱心却没有了，幸福感也没有了，那样，孩子将来肯定是一个冷漠的人，到时别说回报社会，恐怕是孝敬父母都难了。

为了让孩子有一颗爱心，你可以让孩子在对比中体会过去不懂、不在意因而也不会珍惜的东西，从而改变孩子的冷漠，引发其慈悲心、惜福心与感恩心。

有这样一位特别的母亲。为了让孩子珍惜水，这位母亲特意带着上幼儿园的女儿从北京千里迢迢来到甘肃的定西让孩子去体验没有水的感觉。在汽车上，母亲告诉孩子她们马上就要到了一个没有水的地方了。女孩便打算向骆驼学习，赶紧灌下一瓶牛奶。

在定西的老乡家里，母女俩从一口看似干涸的井中打起一桶水，那还是去年积下的雨水。村里人告诉她们，日用水紧张，这水得循环利用。先用来洗脸，然后再用来洗衣服，最后又用这盆脏水去喂猪。

女儿说："猪怎么能喝这样的水呢？"

妈妈反问："那你觉得应该给它们喝什么？"

"我给它们喝柠檬汁，给它们喂牛奶。"女儿一脸稚气歪着头回答。

后来妈妈问她刚才从井里打上来的水能不能喝，女孩立刻回答："不能喝，不干净。"

"如果你很渴了呢，如果你两天没喝水了呢，也不喝吗？"

"不喝。"

不过，那晚小女孩哭了，不是因为她太渴，这儿太苦，而是因为妈妈训斥了她。这户老乡家数月来仅有的蔬菜便是土豆，为了招待远方来的客人，他们特地买来了韭菜。但当小女孩看到他们用那雨水洗菜、揉面时，她拒绝吃饭。

对小女孩来说，毕竟再大的挑剔也抵不过口渴的难耐，两天后，她终于喝了第一口水。

每天早晨天气都有些阴沉，似乎一场雨即在眼前，给太久没下雨的土地及这两位远道而来的客人带来希望，可这些希望最终都破灭了。土地已干得裂出了一道道缝，农民们面临的将是颗粒无收的命运。

母女俩要回京了。女孩已和这儿的孩子结下了友谊，此刻的离去竟有些难舍。虽然那些孩子灰头土脸，衣着破旧，因为他们从未尝过水的畅快淋漓，但可贵的是他们有纯真的童心和从单纯的眼中流出的晶莹的泪。

挥手告别黄土地，把那里的贫穷落后留在身后，却会把一种体会留在了心里。年轻的母亲要让女儿体验的，我们想应该不只是水的珍贵。

很多时候，我们都可以让孩子去实地感知什么叫“一穷二白”的艰苦环境，去亲身体验收割麦子，锄草耕地的劳作之苦，亲眼目睹当地孩子为改变自身命运而刻苦读书的感人情景。通过对比来让孩子对都市生活产生幸福感，对社会服务产生感恩之心。

培养孩子的爱心和感恩之情，我们也要注意给孩子创造献爱心的机会。比如，有新闻报道说，某地有人缺钱做手术，生命垂危……这时，我们就应该带孩子一起去捐款，献上一份爱心。而且要让孩子拿出自己的零花钱以他自己的名义献爱心，这样孩子就能体会到一种献爱心的成就感和自豪感，为孩子以后更大的爱心行为打下基础。

再比如，某地发生洪涝灾害或地震，我们可以引导孩子：“那里的小朋友没有饭吃，很饿，没有衣服穿，你想想，如果你也在那里，会怎么样呢？让我们去捐点衣服，食品给灾区的人们吧！”

让孩子从内心增强感恩之情，还可以带孩子到孤儿院或伤残医院参观，让孩子经常注意社会上还有一些没房屋住的家庭，有因父母丧失劳动力而陷入贫困的家庭，有因残疾智障而生活不能自理的人士，还有因生活无着而在街上乞讨的人们。相信在看过他们的艰辛生活以后，孩子们会对自己舒适的生活有另一种体会。

有一对住在华盛顿的夫妇，他们很富有，但却常常为如何教导自己的孩子而烦恼。他们的孩子已经习惯了要什么有什么，并无偿地接受他人服务的生活，至于服务他人，那简直像中古时代甚至像火星那样遥远。这对夫妇意识到，如果让这种现象一直持续下去，那么他们的孩子的人生观将出现问题。因此，他们觉得必须帮助孩子改掉这种坏习惯才行。

于是他们准备了一个特别的活动。在感恩节假期开始的前一周，由父亲告诉全家："这次感恩节我们要做点不一样的事。"听到这话，孩子们立刻兴奋起来，因为通常在这种情形下，父亲会告诉大家一些特别有趣的活动，例如到巴拿马群岛去玩小艇拖曳降落伞。但这次却不一样，父亲接着说道："我们要一起到救济中心去，到那里去侍候穷人和流浪者吃感恩节的晚餐。"由于父母的坚持，孩子们也只好一起去了，但路上孩子们并不很高兴，他们很奇怪这次父母为什么会做出这样的决定——到救济中心服务他人！若是朋友们知道了会怎样想？但是当天发生的事情却完全出乎孩子们的预料，之后也没人能想到有哪一天会比那天更美好。他们在厨房里忙来忙去，把火鸡和调味料捧上餐桌，切南瓜派，添了无数杯咖啡。他们在小孩子面前扮小丑，还听那里的老人们讲了许多以前的感恩节的故事。这对夫妇看到自己孩子的举动开心极了，他们知道这次行动是非常成功的。

果然，几周后孩子们又要求去救济中心制做圣诞节晚餐！他们终于懂得了应该用自己的力量和行动回报他人、回报社会的道理。

让孩子知晓自己的生活离不开他人的付出

在现实生活中，许多父母都只紧紧盯着孩子的学习，一切围着智能转，视上重点、读名牌、成大业为头等大事，却忽略了体现最基本的道德和感恩的情商教育，忘记了如何教育孩子做一个堂堂正正的人。孰不知，物极必反，习惯成自然的孩子，认为父母奉献、自身索取乃理所应当，丝毫没有内疚之感，也根本就没有感恩之类的情感体验。对于父母的艰辛和付出，孩子单纯地以为“父母投资，我给他们回报，大家不吃亏”，只要自己能考进大学，只要能够出人头地，就是最好的回报。父母亲情不过是一场交易，孩子脱口而出的这番话语让人震惊，但这是不可回避的事实。被父母深深溺爱着的孩子，淡漠甚至忘却了至纯至圣的父母之恩，只是想当然地以为父母的付出不过是为了达到一种目的，以为只要自己长大成材了，就算没有辜负父母，算是大功告成了。

某在读研究生的父亲赵先生在研讨会上向专家们讲述了他供儿子学习所付出的艰辛。儿子读高三时，他做生意亏了30多万元，为了不影响儿子高考，一家人瞒着儿子，咬着牙保证儿子的生活不受影响。儿子上大学了，每月给1000元，儿子还向家里伸手。接着，读研究生的儿子要买房，家里连借再凑给了他30万元，谁知一年后儿子又开口向家里要15万元，欲望没满足，他竟跑回家大吵大闹，声称要踩死老爹，还要到电视台播广告声明脱离父子关系。儿子在家呆了几天，当爹的却在亲戚家躲了几天。说到后来，这位父亲一度哽咽地说不下去了。他说，他真想不通为什么儿子越来越不体贴父母，反而变本加厉地向他们索取钱财？

我们竭尽所有，用爱和物质为孩子铺设锦绣前程，他们在学会知识与技能的同时，自私、怯懦、狭隘与麻木也随之一同成长，在这日新月异的时代，我们的孩子面临的将不是无知，而是比无知更可怕的自私与冷漠！“辛酸父亲”之所以辛酸，在于缺乏一种爱的能力，他为了儿子一个劲地付出并承受所有的压力，在儿子的成长过程中只知道给予物质，却忽视了心与心的交流。这种爱的教育很容易导致孩子的“寄生”心理，他们会认为父母和社会都是欠他的，就他不欠别人的，这种寄生观如不改变，“辛酸父亲”将越来越多。

奉劝所有的父母们，在为提高子女的智商而努力时，别忘了也要注意孩子“情商”的培养，让我们的孩子学会感动，学会感恩，学会爱与被爱，使他们的心更善，情更真。

现在的很多孩子对伟大的父母之爱不仅没有深入的体会，甚至处在一种无意识状态，认为父母的一切给予都是理所当然，自己也心安理得地接受。这些孩子往往不在意父母的辛劳，随意花家里的钱，生活中只想到自己的感受，稍有不如意便表现出强烈的不满。据统计，70%的孩子吃父母为自己买的零食时不知礼让父母，只顾自己吃。父母病了，一半的孩子不端水，不递药，不过问，全然不记得自己生病时父母无微不至的关怀。98%的学生要求父母给自己庆祝生日，但98.2%的学生不知道父母的生日。更有甚者，某高三毕业班竟有4名学生让母亲给自己端洗脚水。

这些孩子很有必要看看下面这张条子，以洗涤一下自己浑浊的灵魂。下面这张条子上写明了一个小男孩一天当中妈妈让他做的事，并在每件事旁边写上了他要求得到的报酬：

帮妈妈倒垃圾——0.5美元

把报纸拿到楼上——0.1美元

把花盆里的草拔干净——0.3美元

整理自己的房间——0.5美元

听妈妈的话不把猫带进屋里——0.5 美元

听妈妈的话没把所有的零食吃光——0.3 美元

接电话、给客人开门等——0.5 美元

妈妈看过这份清单后，也列了一份清单附在了条子上给小男孩：

妈妈把你养大——不要钱

每天接送你上下学——不要钱

为你买最喜欢的玩具——不要钱

每天早上给你准备营养的早餐——不要钱

每天晚上给你讲故事——不要钱

在你生病的时候整夜陪着你——不要钱

记住你说过的每一个愿望并帮你实现——不要钱

收集你喜欢的画册、陪你踢球、带你郊游，还有已经做过和将要为你做的一切——不要钱

看到妈妈写给自己的条子，小男孩哭了，后悔自己提出的愚蠢要求，而多数充当寄生虫的中国孩子是否有这样的觉悟呢？

每一份爱的付出都应该得到回报，尤其是父母的爱，因为它是每个人生命中所能感受到的最真挚、最浓烈的爱，无私且神圣。“谁言寸草心，报得三春晖”，如果你的孩子把你对他的爱视为理所当然，你不妨跟他算一笔恩情账。

李先生的儿子今年 13 岁，随着他一天天长大，他对吃穿玩乐也越来越讲究，每天饭桌上若无鸡鸭鱼肉，便绝食抗议，衣服稍旧或不时髦就不愿穿。他平时向父母要零花钱时，10 元、20 元不在眼里，难以满足，而且对家里的物品也毫无爱惜之心。

儿子的现状让李先生深思，他与妻子的工作单位都不景气，夫妇俩随时都有可能下岗，家庭每月总收入还不到 1000 元，日子过得紧巴巴的。儿子这样大手大脚地花钱，他们日后如何能侍候得了这个“小皇帝”？

夫妻俩商量了一下，不妨让儿子来管一个月的家。他们把一个月的家庭收入700多元交给儿子。儿子起初很高兴，说再也不用整天地要零花钱了。开始时儿子天天买鸡鸭鱼肉，大手大脚地花钱，结果不到10天工夫，就用了400多元。李先生提醒儿子："这个月还有三分之二的时间，看你怎么过？"儿子也为难了，从此每天买菜只买点白菜萝卜，根本无荤菜，李先生两口子都吃不下来，更别说儿子了。一个月下来，儿子明白了父母持家的不易，他懂得了，钱不是随意花的，要做到有计划、有目的，方能让一家三口人个个满意。如果你想买这个，他想买这个，最后，家里可就乱成了一锅粥。从此，儿子再也没有津津乐道于这个品牌那个品牌，也不再挑三拣四，"钱要用对地方"成了他的口头禅。

所以，在现实生活中，父母应该给予孩子一定的机会去买菜、交水电费、电话费等，让孩子知道家里的钱是怎么花出去的，同时让孩子知道一个家庭的必要开支，体验到生活的艰难。父母平时买东西时，也可以带着孩子，在不断的比较、挑选中，让孩子理解金钱的价值，从而培养孩子爱惜金钱的良好品格，有效避免孩子胡乱花钱的坏习惯。

在角色互换的过程中，孩子对金钱有了初步的概念，懂得劳动与收获之间的关系，自然能够替父母着想，控制自己花钱，同时，这样也能把孩子培养成一个热爱家庭、热爱父母，也热爱劳动的人。

在现今这样一个竞争激烈的时代，家长们哪个不为钱在疲于奔命？而我们的孩子有时却像是旁观者，根本不知道或者不顾父母赚钱的辛苦，只是心安理得地躺在父母怀抱中享受。而许多父母出于爱子心切，也不愿让孩子过早地了解生活的艰辛，不愿让孩子的生活中出现哪怕是一丝阴影，情愿只身为孩子遮风挡雨，但这样做的结果只会使我们的孩子产生错觉：生活中只有阳光，只有甜蜜，没有坎坷，即使家里出现经济状况，那也是该父母操心的事。最终你会痛心地发现：孩子缺乏那种和家人同甘共苦的意识，而此时你与孩子的心实际上早就有了距离。

教育孩子懂得回报

高尚的人会认为自己是为别人而生存的。因为他认为他的精神生活和物质生活都依赖着别人的劳动，所以，自己必须以同样的劳动来报偿自己所领受了的和正在领受的东西。

一天傍晚。一位叫拜伦的先生在单行道的乡村公路上孤独地驾着车回家。他现在正在这美国中西部小镇上谋生，他的生活就像他开的老爷车一样缺少生机和动力。自从所在的工厂破产后，他就没有找到过固定工作，但他还是没有放弃希望。因为外面空气寒冷，暮色开始笼罩四野，在这种地方，除了外迁的人们，谁会在这路上驾驶？而只有他在这就是证明。

他熟悉的朋友大多数已经离开了这个小镇。朋友们有自己的梦想要实现，有自己的家庭要抚养。但是他还是选择留在了故乡。这是他出生的地方，这里有着他的童年和梦想，还有他那已经入了土的父母留给他的"家"。周围的一切都是那么地熟悉，他可以闭着眼睛告诉你什么是什么，哪里是哪里。他的老爷车的车灯坏了，但是他不用担心，他能认路。天开始变黑，雪花越落越厚。他告诉自己得加快回家的脚步了。

他差一点没有注意到那位困在路边的老太太。外面已经很黑了，这么偏远的地方，老太太要求援助是很难的。我来帮她吧，他一边想着，一边把老爷车开到老太太的奔驰轿车前停了下来。尽管他朝老太太报以微笑，可是他看得出老太太非常紧张。她在想：会不会遇上强盗了？这人看上去穷困潦倒，如果向他求助不会被讹上吧。

他能读懂这位站在寒风中瑟瑟发抖的老太太的心思。他说："我是来帮你的，女士。你先坐到车子里去，里面暖和一点。别担心，我叫拜伦。”

老太太说，我车的轮胎爆了，只需换上备用胎就可以。但这对老太太来说，并不是件容易的事情。拜伦钻到车底下，察看底盘哪个部位可以撑千斤顶把车顶起来，他爬进爬出的时候，不小心将自己的膝盖擦破了。等将轮胎换好，他的衣服脏了，手也酸了。就在他将最后几颗螺丝上好的时候，老太太将车窗摇下，开始和他讲话。她告诉他她是从市里来的，从这里经过，非常感谢他能停下来帮她的忙。拜伦一边听着，一边将坏轮胎以及修车工具放回老太太的后车厢，然后关上，脸上挂着微笑。老太太问该付他多少钱，还说他要多少钱她都能答应。

因为她能想像得出如果拜伦没有停下来帮她的话，在这种地方和这个时候，什么事情都可能发生。

帮这老太太忙是要向她要钱？拜伦没有想过。他从来没有把帮助人当作一份工作来做。别人有难应该去帮忙，过去他是这样做的，现在他也不想改变这种做人的准则。他告诉老太太，如果她真的想报答他的话，那么下次她看见别人需要帮助的时候就去帮助别人。他补充说："那时候你要记得我。"

他看着她的车子走远。他的这一天其实并不如意，但是现在他帮助了一个需要帮助的人，他一路开车回家的心情却变得很好。

再说那老太太。她在车子开出了将近一英里的地方看到路边有一家小咖啡馆，就停车进去了。她想，还得开一段路才能到家，不如先吃一点东西，放松一下。

这是一家很旧的咖啡馆，门外有两台加油机，室内很暗，收银机就像老掉牙的电话机一样没有什么用场。女招待走过来给她送来了菜单，老太太觉得这位招待的笑容让她感到很舒服。女招待挺着大肚子，看起来最起码有 8 个月的身孕了，可是一天的劳累并没有让她失去待客的热情。老太太心想，是什么让这位怀孕的女人必须工作，而又是什么让她仍如此热情地招待客人呢？她想起了拜伦。

女招待将老太太的100美元现钞拿去结账，老太太却悄悄地离开了咖啡馆。当女招待将零钱送还给老太太时，发现位置已经空了，正想着老太太跑到哪里去的时候，她注意到老太太的餐巾纸上写着字，在餐巾纸下，她发现另外还压着300美元。

餐巾纸上是这样写着的："这钱是我的礼物。你不欠我什么。我经历过你现在的处境。有人曾经像现在我帮助你一样帮助过我。如果你想报答我，就把这份情传下去！"

女招待读着餐巾纸上的话，控制不住自己的情绪，眼泪夺眶而出。

那天晚上，她回到家里，躺在床上翻来覆去地睡不着，她想着那老太太留下的纸条和钱。那老太太怎么知道她和她丈夫正在为钱犯愁呢？下个月孩子就要生了，费用却还完全没有着落，她和丈夫一直都在为此担心。现在好了，老太太真是雪中送炭。

看着身边熟睡的丈夫，她知道他也一整天都在为赚钱犯愁。她侧过身去给他轻轻的一吻，温柔地说："一切都会好的，拜伦，我爱你。"

这是一件多么传奇又是多么让人希望看到的事啊。

感恩的关键就在于回报意识。回报，就是对哺育、培育、教导、指引、帮助、支持乃至救护自己的人心存感激，并通过自己十倍、百倍的付出，用实际行动予以报答。回报，不仅是人的良知，也是我们待人处世的基本原则。回报不是空口说白话，也绝不是虚情假意的小恩小惠，更不是为了贪图利益，而是发自内心的。真心回报他人，尽己所能帮助他人，这才是知恩图报的本质。

然而，孩子只拥有一颗感恩的心是不够的，要让孩子感恩，更要让孩子报恩，让孩子做爱的传递者，让我们这个世界变得越来越有"人情味"。

要让孩子懂得必要的付出是一种义务

提到付出，许多人都会做如此想：就是自己拿属于自己的东西或精力去白送给别人。这是一种认识上的浅薄。其实，付出是为了别人，也是为自己。

在一家日本小吃店，中午高峰时间过去了，原本拥挤的小吃店空闲下来了。老板正要喘口气翻阅报纸的时候，有人走了进来。那是一位老奶奶和一个小男孩。

奶奶坐下来拿出钱袋数了数钱，要了一碗汤饭推向孙子面前，小男孩吞了吞口水望着奶奶说："奶奶，您真的吃过午饭了吗?"

"当然了。"奶奶含着一块萝卜泡菜慢慢咀嚼。一眨眼功夫，小男孩就把一碗饭吃个精光。

老板看到这幅景象，走到两个人面前说："老太太，恭喜您，您今天运气真好，是我们的第一百个客人，所以汤饭免费。"一个多月后的某一天，小男孩蹲在小吃店对面像在数着什么东西，小孩的这个举动被无意间望向窗外的老板看见了。

原来小男孩在数走进店的客人，但是午餐时间都快过去了，小石子却连五十个都不到。

老板猜到了这个小男孩的用意，他马上打电话给所有的老顾客："很忙吗?没什么事，我要你来吃碗汤饭，今天我请客。"像这样打电话给很多人之后，客人开始一个接一个到来。

"八十一，八十二，八十三……"小男孩数得越来越快了。终于第九十九个小石子被放进了圈圈里。

那一刻，小男孩匆忙拉着奶奶的手进了小吃店。

“奶奶，这一次换我请客了。”小男孩有些得意地说。

真正成为第一百个客人的奶奶，让孙子招待了一碗热腾腾的牛肉汤饭。而小男孩就像之前奶奶一样，含了块萝卜泡菜在口中咀嚼着。

“也送一碗给那男孩吧。”老板娘不忍心地说。

“那小男孩现在正在学习不吃东西也会饱的道理哩！”老板回答。

“呼噜……”吃得津津有味的奶奶问小孙子：“要不要留一些给你？”

没想到小男孩却拍拍他的小肚子，对奶奶说：“不用了，我很饱，奶奶您看……”

现实生活中，有很多父母在无意中走进了感恩教育的误区。在平时与孩子的交谈中常会说“只要你能把学习搞好，我们再苦再累也值得”“你将来能有个好前程就是最重要的，我们不图你什么”，正是在这种思想驱使下，父母们为了孩子的学习鞠躬尽瘁，生活上更是照顾得无微不至，简直可以说是付出了一切。但孩子们呢，却把索取当作是理所当然，更谈不上主动为父母为他人为社会付出些什么。

作为父母，请不要抑制孩子那颗“付出”的心，就像上述故事中的小男孩，他明晓了奶奶对自己的爱，感受到了奶奶对自己的付出，于是，他也懂得了付出，这个小男孩可以说有着一颗感恩的心。

其实，付出会让人感觉更快乐，当一个人不问索取只求付出时，其结果可能是自己成为一个更大的收获者，付出是获取快乐的一种很重要的方式，利用付出来拓宽自己生命的宽度，利用付出来感恩于整个社会和周围的每一个人，那我们的社会就将是和谐温暖的。

付出是一种比被爱更美好的感觉。在这个拥挤不堪的世界里，能够多付出一点爱和宽容的人，总会找到一片广阔的天地。

总之，学会付出，对同学、对朋友、对老师、对集体、对家庭，哪怕是一个小小的微笑、一个充满希冀的眼神或是一声问候，都是一种感恩，都会给别人带来莫大的安慰与希望！

帮助别人后所得到的喜悦绝对不是课本里面教出来的，而是亲身去做之后才体会到的。所以父母要让孩子懂得，付出也是一种收获，让孩子在付出中感悟到助人为乐的道理。

父母一定要多找一些机会，带孩子去参加一些群体性的社会服务和社会劳动，这对孩子把握未来的幸福生活来说是非常必要的。比如，带孩子参加单位的植树活动，孩子就会在一定程度上感受到劳动的快乐，感受到人们快乐的氛围。还可以带孩子去街道扫雪，虽然这是一种很平凡的劳动，但这跟父母让孩子干活不一样，因为孩子能够体会到周围劳动着的人们的喜悦气氛。

当然，父母也可以引导孩子观看一些劳动的场景，比如参观艺术作品中关于工人、农民的劳动态度等。在看的过程中，注意与孩子一起讨论、分析、体会劳动者的内心状态。这些都是对孩子非常重要的劳动态度的教育方式。

当你付出的时候，你会感受到别人的快乐，因而觉得有满足感。即使是对你不认识的人付出，你也会获得一样的快乐，只要对方因为你的真诚付出而感到快乐。

一位叫史塔勒的医生，发现了一件有趣的事情：20 世纪五六十年代的著名影星赫本，她结过七次婚，但是却没有看过一次心理医生。

在进一步的研究中史塔勒发现，赫本一直很乐于做没有报酬的慈善工作，尤其是 1956 年到 1963 年之间，她经常到码头、黑人社区等地做义工，有一次她甚至为了给一个小男孩做护理服务而拒绝了贝尔公司每小时 5 万美元酬劳的庆典邀请。

史塔勒认为这里面肯定蕴藏着某些心理学上的东西，因而又对其他热心于公益和慈善事业的名人富翁进行了研究，发现他们都没有什么怪癖和不良的记录。

史塔勒于是把这个发现应用于特殊病人的治疗中，好多人接受了治疗后都变得乐观起来。

而一段时间里，好莱坞影星甚至掀起了争当联合国大使的热潮——去帮助那些处于生存最底线的人，因为他们在慈善活动中发现，世界上存在这样一种规律：当付出的劳动没有得到金钱和物质的回报时，必定可以得到等值的精神愉悦。

只要你开始尝试付出，你就会发现快乐原来如此容易——只要你付出，你就可以得到，而且你给予的越多，得到的也就越多。教育孩子无论是物质财富还是精神财富，能够“施”是幸福的，不要计较别人不“施”给自己，不要当弱者。为此，你可帮助孩子列一张清单，写下他觉得他可以做的事情，他可以付出什么，他可以帮助谁，然后在今天就完成其中一件事情，体验自己是否从中获得了快乐。

懂得感恩从尊重他人开始

中国人有句俗语叫做“人敬我一尺，我敬人一丈”。这是一个不成比例的因果关系，但它却反映了一个道理，即我们对待别人的态度，最初是由别人对我们的态度所决定的。

李扬是幸运的，到哈佛读研究生第一年，他就得到了全额奖学金，这可以让他心无旁骛地一心一意地念书。然而，第二年就没有那么幸运了，他只好向校方申请助教奖学金，即替教授打工，做些力所能及的事。递交了表格后，心中就七上八下地等候消息。

几天后，他收到一封校方公函。打开一看，他顿时愣住了，第一个反应是，一定有人捉弄他，这封信肯定是假的！信的开头竟然尊称李扬“阁下”，而不是一般的称呼“先生”。李扬只是个微不足道的二年级研究生，写信人则代表高高在上的哈佛大学校长及校董，叫李扬“先生”，就已经让他受宠若惊了，怎能担当得起“阁下”的尊称？

信的第二句话也离谱得很：“我恳求地告知您，校长及校董开会后，决定聘请您为助教……”等等。恳求，一般是居下对上的口气，这样地谦恭，让人如何消受？

最让人吃惊的是信的落款，自称为“您顺从的仆人。”这真是匪夷所思了。

李扬看完信，心想一定是哪位学兄跟我开玩笑，炮制这样的信来寻开心。但是，看看信纸信封都是正式校方用笺，又觉得不易作伪。可是堂堂的哈佛校方，会对默默无闻的学生如此宠语相称吗？难道自己是在做梦？

于是，李扬向一位读文科的学长请教，学长说以仆人自称的做法，在一二百年前西洋公文书信中，倒是常有的，不过以此用在给学生的信中，也并不多见，想必是校方有意沿袭古风，以表尊师重教，难得的是连学生助教，都一视同仁。

第二天，李扬怀着胆怯猜疑的心情，去国际留学生中心和人事处查询，校方肯定这封信果然货真价实。校方还介绍说，做了助教，有薪可支，学费全免，甚至可以成为教授俱乐部会员。李扬觉得这些福利虽然重要，但那封礼贤下士的信，才是最珍贵的奖励。当时李扬许下一个愿望，如果将来成为富翁，一定捐巨款给学校。

此后的日子，这封信一直挂在李扬办公室的墙上。令他惭愧的是自己没有变成大富翁，毕业后兢兢业业一直从事教育工作，每年只给母校寄去微薄的心意，但是李扬很高兴看到有许多校友大笔献金回馈母校。李扬想，他们必定也接到过类似的信函，或身受过相似的礼遇。

每每看着这封信，李扬就提醒自己，对他人要以哈佛校方为榜样，尊重他人，待之以礼。

希望一封类似“顺从的仆人”的信，也能一辈子挂在他们的心上。

总有一个故事让我们感动，总有一种精神让我们敬畏。尊重他人，待之以礼，这种优秀的美德总是会让我们纯净的心灵为之震撼，并为此珍惜。上述故事中哈佛校方的做法可以说感动着每一个学子，并让每一个人怀念，每一个人感恩。

人类社会的和谐，建立在相互感恩、彼此尊重的基础之上。让孩子学会“感恩”，其实就是让他们学会懂得尊重他人。尊重是以自尊为起点，尊重他人、社会、自然、知识，在自己与他人、社会相互尊重以及对自然和谐共处中追求生命的意义，展现、发展自己独立人格。

尊重他人是感恩的基础。教育孩子从小学会尊重他人、力所能及的帮助他人。只有这样，才能让孩子以平等的眼光看待每一个生命，尊重每一份平凡普通的劳动，也更加尊重自己。孩子成年以后走向社会，他们会更加感激和怀念那些有恩于自己却不言回报的每一个人，会自觉给予别人更多的帮助和鼓励，从而对别人对环境就会少一分挑剔，而多一分欣赏，会对自己的职业与该尽的职责有一份由衷的敬畏和使命感。因为知道别人的恩爱并知道感恩的人，才能收获更多的人生幸福，才会摒弃没有意义的怨天尤人。

家长要注意提高自身素质，注意潜移默化的作用。处处以身作则为孩子树立榜样，如家长待人彬彬有礼，孩子就不会粗鲁莽撞；家长遇到长辈能亲切问候，孩子见了长辈也能主动问候；家长在公共场合遵守秩序，不影响、打扰他人，孩子自然也不会吵闹、喧哗。

此外，父母在家庭中要互相尊重，父母之间的尊重，会在潜移默化中给孩子以良好的影响。父母之间、也应经常说“谢谢”“对不起”“请你”。有些父母经常当着孩子的面揭对方短处，甚至谩骂对方，这会给孩子造成很恶劣的影响。

尊重是相互的，不是单方面，要求孩子从小尊重父母，父母就应首先尊重孩子。家长应该理解孩子也有一颗自尊心。在瑞典，尊重孩子不仅仅是因为他们年龄小，需要爱护、关心和培养，还在于他们从出生起就被认为是一个独立的个体，有自己独立的意愿和个性，无论父母还是老师，都没有特权去支配或限制他们的行为。由于在以后的成长过程中，大多数情况下师长不能代替他们对客观进行选择，所以要让孩子感到自己是自己的主人。

尊重孩子，意味着我们将孩子看成一个个体，而这个个体有权利像我们成年人一样做出决定。作为父母，要善于营造民主、宽松、和谐的家庭氛围。对孩子既要有严格的要求，又能理解、尊重、信任孩子。平时除了关心孩子的生活外，要多了解孩子的所思所想、所需所求。父母要把孩子放在与自己平等的地位，不要总认为孩子太小，什么事都不懂，因此任何事情都是由父母决定及包办代替。父母遇事要与孩子多商量、多沟通，真正让孩子感觉他是家庭中的重要一员，从小培养他的责任意识。学习上也要尊重孩子，不要将自己的爱好、愿望强加给孩子，应尊重孩子的爱好，发挥孩子的特长并加以正确引导。不要随意在孩子的伙伴和朋友面前贬低他，使他难堪。惩罚孩子要回避旁人和好事者，切记不要在孩子受到惩罚时不怀好意地嘲笑和奚落他。总之，孩子从父母那里得到爱、尊重和理解，反过来也会尊敬、爱戴父母，也只有在宽松、和谐的家庭氛围中，孩子才能健康成长，才能有一颗感恩的心。

尊重他人，并不是失去自我。如果你要爱一个人，你首先就要学会尊重那个人，而你第一个必须尊重的人就是你自己。试想一个连自己都不尊重自己的人，那他怎么能爱自己呢？进而可以推想，一个连自己也不爱的人，怎么可能去爱别人呢？所以说：你想让自己的生命中充满爱，就必须首先学会爱自己。

尊重自己，首先是要正确地认识自己。

其次要接纳自己。每个人应该承认遗传，环境，条件的差异和影响，承认现实中自己的优点和不足，在工作中善待自己。

再次要维护自己。每个人的基本权利都应该受到尊重，每个人都有权捍卫自己的人格尊严。人格是一个人的脊梁，尊严可以使人高尚，人格尊严是人的第二生命。

最后要发展自己。每个人的发展要依靠自己的自主意识和自我意识，形成自我发展的内驱力。

让孩子懂得尊重和感激父母

如果连父母都不知道尊重和感谢的人，那他更不会去感谢别人和社会。所以，培养孩子的感恩情结，理应教育孩子从尊重父母和感谢父母开始。

现在的普遍现象是，孩子得到的爱很多，却不懂得感恩，甚至不尊重父母。一个研究项目对日本、美国和中国的几十所高中学生进行过问卷调查，3 个国家分别有 1300 名、1000 名和 1200 名学生参加了此项活动。结果显示：中国父母给孩子的爱最多，但受到的尊重程度却最低。甚至有时候谈不上尊重，很多孩子已经凌驾于父母之上。这也是孩子自私、冷漠、不会关心别人的重要原因。

几年前，在上海有一对刘姓夫妇，两人的工资加起来只有 3000 元，但为了儿子的未来，他们还是勒紧裤带每个月拿出 1000 元将儿子送到了一家高级幼儿园。孩子读五年级时，他们想把儿子转入公立小学，但这必须有上海城市户口才行。他们四处求人，但结果还是未能如愿。

那天晚上，就这件事儿子对父母大发雷霆说："你们真无能，连上海城市户口都弄不到！"

为儿子付出这么多，却被儿子如此蔑视，刘先生当场气得要打儿子。但是，妻子却劝他说："儿子也没说错，的确是我们无能，让他跟我们遭罪了。"哪想到，这句话使儿子跟爸爸吵得更凶了。

他说："你们口口声声说为我付出了很多，可你们给我什么了？是好的生活条件，还是可以送我去国外留学？我上幼儿园不是照样挤公交车吗？我的同学成绩比我差，可人家都是小车接小车送。”说完把门一摔，就出去了。

那天，儿子一夜未归，刘先生和妻子也是一夜未眠，他们想：自己省吃俭用辛苦付出这么多，换来的却是儿子的抱怨和不满，将来能指望他什么呢？

提升孩子的情商，重点之一就是培养孩子的感恩之心，让他尊重并感激父母，并不需要你天天在他耳边说：“我为你付出了这么多。”“我这么省吃俭用，还不都是为了你。”其实，你的一些不起眼的行为就能对他产生很好的教育作用。

比如，当你细心照料孩子用餐后，别忘记让他说声“谢谢！”即使他还没有语言能力，也要教会他用肢体语言来表达自己感激的心情。让他对爷爷奶奶的疼爱说谢谢。在日常生活中，要教孩子在购买任何物品后学会说谢谢。要让孩子懂得，没有这些叔叔阿姨的服务，你就会挨冷受饿。要教孩子学会宽容小伙伴，即使是小伙伴犯了错误，也要让孩子明白，没有这些小伙伴他会生活得很孤独，要让他懂得孤独就是无助，那样会很痛苦。也要教孩子学会同情别人，在小伙伴有了困难之时，伸出援助之手，让孩子懂得，能帮助别人是一种能力，帮助别人也是在帮助自己。

情商，就是这样一点一滴地培养起来的，体现在生活中的各个细微之处，一个爱抚的眼神，一个友爱的动作，一个得体的手势，一句温暖的问候，都是培养孩子情商的源泉，这暖暖清泉，才是带着孩子驶向成功走向幸福最稳妥的帆船！

在教育孩子的过程中，父母应该多与孩子进行情感沟通，对孩子进行情感培养，让孩子提高情感体验能力。同时家长还要善于捕捉孩子情绪的变化，并抓住时机与孩子进行语言和心灵的沟通。

很多时候，交流不光体现在语言上，爱也不只是表现在物质的给予上。培养孩子的情商，很重要的是提升孩子的情感体验能力，父母与孩子的心灵沟通，父母对孩子的默默关怀，是让孩子感受父母的爱的重要途径，是提高孩子情感体验能力的重要方法，这也是提高孩子情商的有效手段。

情商需要靠后天培养，有关研究表明：智商更多的是取决于遗传因素，但情商主要是靠后天的培养，而且一个人的情商主要在于儿童时期的父母教育和培养。无论孩子的天赋如何，父母都要通过自己的努力，帮助孩子不断提高情商，让孩子具备创造成功人生的能力。所以，家长要对自己的孩子充满信心。只要父母教育孩子的方法得当，只要有正确的思想指导，就一定能在提高孩子情商方面取得很好的成效。

八　让孩子有个好人缘

——好人缘的孩子才会有竞争力

在现实生活中，人人都希望自己的人缘好，希望自己被更多的人喜欢和称道，做事能得到更多的人支持。人缘好，朋友就多，遇到困难也能得到援手，托人办事也可左右逢源。正因为如此，好人缘越来越被人看做是一笔财富，谁拥有了它，谁就会感到精神富有，事业亨通，人生美好，并能在奔向成功的道路上畅通无阻。

通过亲情带动友情

曾有人断言：一个不孝敬父母的人是绝无诚信可言的。我们赞成这个说法，可以肯定地说，一个对父母都不好的人，无法相信他对谁有真情。同理，一个对亲人都不爱的人，你会指望他去爱别人吗？生活中，孩子是最经常的交往，就是与近亲的交往，近亲关系是一种比较亲切、亲近的人际交往关系。父母可以在家庭教育中利用下列原则帮助孩子学会去处理近亲关系。

互尊、互让、互助应该是一个关键的原则。这主要是对于与兄弟姐妹的近亲交往之中，不过也同样适用于一般的近亲交往。兄弟姐妹虽然同出生于一个家庭，有着密切的血缘关系，但在人生旅途上各自的遭遇却往往不尽相同，有的成长顺利，有的则有曲折，有的与父母关系密切，有的则与父母疏远。兄弟姐妹之间强调的是手足情深，千万不能互相歧视、嘲笑、打击、侮辱。

当兄姐的应处处以身作则，为弟妹们树立良好的榜样，兄姐们对弟妹们要友好、关心，弟妹要尊重兄姐，认真学习他们的长处，不能使娇恃宠，更不能目无兄姐，或在父母面前拨弄是非，伤害兄姐的自尊心。兄弟姐妹的手足情深，还体现在互相谦让和帮助上。“孔融让梨”的故事是家喻户晓的千古佳话，这个故事对“互尊、互让、互助”也提供了很好的注脚。

对一些特殊家庭而言，比如离异再婚家庭，父母应告诉子女对异父母的兄弟姐妹要主动消除隔阂，做到“不是亲人胜似亲人”。当父母去世后，兄弟姐妹们更要友好、互敬，要注意尊重父母生前的意愿，互相谦让，先人后己，正确处理好兄弟姐妹间的利益关系和道德关系。

还有重要一点是，要教育孩子尊老爱幼。父母应在祖孙之间做敬老爱幼的典范，特别要教育自己的子女尊敬家里的老人，不能有嫌弃之感。可以在自己工作繁忙时，让那些懂得家庭教育的老人帮助管教引导自己的子女。祖辈对子女的早期教育是很朴素的、自然的，孩子的智慧潜能应在最佳环境中得到启发并完善。可是，随年龄增长，祖辈体能下降，有的不能从事家务或负担家教了。他们几十年含辛茹苦，把孩子抚养成人，为社会创造了大量财富，当他们年老体衰后，有权力要求享受社会和家庭给他们的尊重和关照。要求有经济能力的子女给他们在物质上一些资助，他们特别需要情感上、语言上的温暖。

除此以外，理所当然的是，在家庭教育中父亲与母亲永远是合作的伙伴。母亲往往关心对子女的生活料理，父亲更多地关注子女的全面发展。家教理应包括两个方面的内容：一是日常生活中潜移默化的言传身教，二是直接教育引导。

孩子常与父亲接触，往往社交能力强，伙伴关系融洽，因为父亲通常具有独立、自信、果断、坚强、敢于冒险、勇于克服困难、积极进取、开朗、宽容等个性特征。而且，多数家庭通常是“男主外，女主内”。男主外，战场是外面的世界，与人交往的机会比女的要多得多。少年儿童常常有意无意地观察学习父亲的行为方式与性格特点。

心理学家迈克·闵尼的研究表明：一天之中与父亲接触不少于 2 小时的男孩子，比起那些一星期内接触不到 6 小时的孩子来，人际关系更融洽，从事活动的风格更开放。

同时，家庭是孩子自幼学习角色观念、形成角色取向、模仿角色行为的重要场所，是性别社会化的第一源泉。子女最初是在家里模仿父母，进而模仿其他男人和女人的行为，从而形成自己的性别角色。父亲提供一种男人的基本模式。男孩子往往把父亲看做是将来发展自己男性特征最现实的“楷模”。据研究，没有一个固定的父亲形象，孩子会缺乏角色认同感和男性特征，变得软弱、缺乏独立性和自主性及目标的持久性，形成男孩女性化倾向，适应环境的应变能力差，不能适应男性的独立生活，更难以为人父、为人夫。如果父亲尊重母亲，以体谅、爱护、诚实、合理、关怀、帮助的态度对待她，这个男孩往往会以同样的态度对待异性。

不仅男孩，女孩的性别角色的发展也同样受父亲的影响。孩子成人后的性别行为和婚姻关系也更多地受早期与父亲关系的影响。处于儿童和少年期的女孩子，从观察父亲如何对待母亲的过程中了解到男人应该怎样对待女性。许多研究证实，5岁前失去父亲的女性，难以了解男性如何生活及其与女性的区别，并且在青春期与男性交往时，常常会表现出焦虑、羞怯、无所适从，或者在取得满意的两性关系上有困难。

由此可见，父亲的存在和关爱，是孩子心理发展、个性发展的一个源泉，对子女的性别角色规范、生活方式、价值观念和态度系统具有重要影响。

而在现实生活中，往往是母亲与孩子更亲近。孩子在母亲面前撒娇，畅谈心事，在父亲面前却声音都不敢吭，见了父亲则躲得远远的。那按上面的观点来看，这样是很不好的，应多创造父母与孩子在一起的机会，父亲应多与孩子交流。

总之，对于父母来说，在家庭中帮助孩子学会与近亲的交往一方面为孩子进一步的、更大范围的社会交往打下基础，另一方面也可以在与近亲交往之中获得更有意义的成长。

在生活中学会与他人和睦相处

在现代社会做事业，即使再有才能的人凭自己一人之力也不可能成功，在生活中培养与人和睦相处的能力是培养在事业上与人合作的基础。

人际交往成功的标志，是被人接受，是让对方对你没有排斥心理。而要做到这一点，首先要学会尊重，学会信任，学会讲礼貌，学会热忱待人。二是要培养孩子的社会交往意识和方法，比如与人相处，要注意发现别人的优点，对这些优点真诚地欣赏和赞美。得到别人的帮助，要由衷地表示感谢。不在背后说人的闲话，不搬弄是非，善于制造良好的沟通氛围，从而达到良好的沟通效果。三是要培养孩子树立自信心。在事业的奋斗中，只有自己有信心，才能使别人对你产生信心，别人才愿意与你合作。因此提高孩子的社交能力，要培养孩子的社交意识，要让孩子懂得社会交往在人的一生中的重要地位，同时还要训练孩子掌握与人交往的方法。

通常，以下方法对孩子学会与别人和睦相处意义重大：

1. 教会孩子重视别人

在现实生活中，不管是什么人，不管实际状况如何，每一个人在内心中都非常重视自己。每一个人来到世界上都有被重视、被关怀、被肯定的渴望。当你满足了对方的心理需求后，他就会对你重视的那一方面焕发出巨大的热情，并成为你的好朋友。

有一个关于强生业务员的故事很典型：

他有一个顾客是一家药店的老板，每次他到这家商店去的时候，总要先跟柜台的营业员寒暄几句，然后才去见店主。有一天，他到这家药店去，店主突然告诉他今后不用再来了，自己不想再卖强生公司的产品，因为强生公司的许多活动都是针对食品市场和廉价商店而设计的，对小药店没有好处，这个业务员只好离开药店。他开着车子在镇上转了很久，最后决定再回到店里，把情况说清楚。

走进店里的时候，他照常和柜台的营业员打招呼，然后到里面去见店主。店主见到他很高兴，笑着欢迎他回来，并且比平常多订了一倍的货。这个业务员对此十分惊讶，不明白自己离开店后发生了什么事。店主指着柜台上的一个卖饮料的男孩说，在你离开店铺以后，卖饮料的男孩走过来告诉我，说你是到店里来的推销员中唯一向他打招呼的人。他告诉我，如果有什么人值得做生意的话，就应该是你。店主同意这个看法，从此成了这个推销员最好的主顾。这个推销员说：“我永远不会忘记，关心、重视每一个人是我们必须具备的特质。”

尊重他人在社会交往中具有极为重要的作用，它对一个人能否成功具有重要的影响力。因此，每一位家长在对孩子进行社会教育时都不能忽视“尊重他人”的重要性。

2. 让孩子多与同龄人游戏娱乐

当孩子进入学校时，他们与人交往的机会就大大增多了。在孩子上学期间，父母应该经常和孩子在一起谈谈孩子的朋友。在交谈中，让孩子畅所欲言，讲讲他和自己的朋友在一起时所做的事情，以及他的朋友是怎样的人，喜欢做什么。这时候，父母应该告诉孩子，选择不同的人做朋友，会带来什么样的不同后果。让孩子在具体的事情面前认识到“近朱者赤，近墨者黑”的道理。父母要鼓励孩子参加夏令营，同其他的孩子在一起进行各种有趣的活动。因为做一些需要相互配合的游戏，有助于培养孩子交友的基本技能。例如，当父母在家中为孩子庆贺生日时，邀请孩子的朋友前来家中作客，这同样是一个有效的教育方式。当孩子长成少年时，他们在人际交往中渐渐把注意力转到同性别的同龄人和家庭之外的成年人身上。参加一些同龄人团体可以让孩子获得一种归属感，比如国内的少先队、国外的童子军等儿童组织，都可以让孩子找到被先进集体所接受的归属感。在这些团体中，孩子最容易找到志同道合、可以交往一生的朋友。在孩子走向成熟的这一过程中，父母应该鼓励他们，走到集体中，学会与大家和谐相处，找到自己的友谊。

3. 培养孩子的共享意识

培养孩子共享意识是非常重要的。快乐与人分享，烦恼与人分担，那是人生之快事！家长要多创造条件让孩子与自己的朋友共同分享欢乐。在日常生活中，家长要仔细观察孩子的表现，启发他们加强同伴间的交往，并及时鼓励孩子积极的交往行为，体验交往的乐趣。

好人缘是不可或缺的资源

谈到一个人的成功，自然有很多必不可少的条件，如果撇开智力因素，那么，好人缘对于人脉关系是不可或缺的。在现实中“好人缘”者总是诸事顺利，游刃有余。对于他们而言，没有趟不过的河，也没有翻不过的山，领导解决不了的事情，可以找领导的领导，亲戚解决不了的事情，可以找亲戚的亲戚，朋友帮不上忙，可以找朋友的朋友。再不成，找朋友的领导的亲戚的邻居，也要达到终极的目标。他们的人缘，像一条巨大的章鱼那深不可测的触须，幽幽地发出了它示好的信号，从容穿过那些七折八转的甬道，猎取到自己的猎物。

霍华德·加德纳是美国哈佛大学教育研究所的教授，他是一个在国际上享有盛誉的心理学家和教育学家。1983 年，加德纳提出了多元智能理论，他认为人至少有 8 项智能：语文、数理逻辑、空间、音乐、肢体动作、人际、内省、自然观察。此理论被各国教育学、心理学界誉为“哥白尼式的革命”。

其中，加德纳提出的人际智能是指察觉并区分他人的情绪、意向、动机及感觉的能力。这包括对脸部表情、声音和动作的敏感性，辨别不同人际关系的暗示以及对这些暗示做出适当反应的能力。

人际智能强的人通常比较喜欢参与团体性质的运动或游戏，例如篮球、桥牌，而较不喜欢个人性质的运动及游戏，例如慢跑、玩电动玩具。当他们遇到问题时，他们比较愿意找别人帮忙，喜欢教别人如何做某件事。他们在人群中感觉很舒服自在，通常是团体中的领导者，他们适合从事的职业有政治、心理辅导、公关、推销及行政等需要组织、联系、协调、领导、聚会等的工作。

加德纳提出的8项智能，并非孤坐书斋、闷思苦想、闭门造车的产物，每一项都有扎实的科学调查来支持。他曾经追踪研究了很多孩子，发现那些从小学习成绩优秀的学生，长大以后却反而不是最有成就的人。那些在社会上取得了巨大成就的人，学生时的成绩普遍是中上等。一开始，加德纳觉得很费解，为什么那些学习成绩最好的孩子反而不是最有成就的呢？

经过反复的调查，他才搞明白了其中的原因。原来，那些成绩排名前列的孩子学习虽然很好，但因为他们把自己全部的精力都放在书本上，结果变成了性格有些孤僻甚至怪异的“书呆子”，不善和人相处。当这样的人踏入社会后，因为不善和别人合作，无法融入团队，往往容易成为集体中被孤立、被排挤的对象，得不到很多的支持与援助。而那些排名中上游的孩子，成绩虽然不是最好，但他们大多性格开朗、活泼，豁达大度，喜欢与别人合作，很容易和别人打成一片，可以轻而易举地融入集体当中，可以借助集体的合力从而使自己的努力事半功倍。

石油大王洛克菲勒就曾经这样说：“与得到其他本领相比，我愿意付出更大的代价来获取与人相处的本领。”而美国前总统罗斯福则说得直截了当：“在成功的公式中，最重要的一项因素是与人相处。”

此外，善于与别人交流、交往的孩子，可以得到更多的感情的交流，更多的快乐。心理学家发现，善于交往的孩子容易形成快乐健康的性格。如果孩子总是被抛弃、被拒绝于集体之外，就会产生孤独感，感情会受到压抑。久而久之，他们会不愿意开放自己的心灵，感到寂寞、空虚和无聊，始终处于孤独、封闭、退缩的状态，如同置身于一个“孤岛”之上。这种状态对孩子的身心发展会产生十分不利的影响。

总之，一个人一生的成功、幸福与否，与人缘的好坏有着莫大的关系。好人缘要从小抓起。一个人缘好的孩子，必定人格健全、性格和善、口才优秀——这些素质父母若不从小用心培养，等孩子长大后就难以再找回。父母是孩子的第一个交流对象，也是孩子的启蒙老师。主动与孩子交流，及时满足孩子的各种需要，并协助、引导孩子学会如何与人交往，这些都是家长义不容辞的责任。

好人缘保证你在未来的打拼中游刃有余

在当今的世界上，不管你是从政、从商，还是在职场中打拼，没有好人缘你都将一事无成。

亨利·基辛格是美国长袖善舞的外交家，他从 1973 年至 1977 年任美国国务卿。半个世纪冷战中最为动荡的岁月，为这位国际政治大师提供了施展才华的舞台，他非常成功地向世界表明，他用多方面的智慧成功地驾驭了这个舞台。

基辛格在敌人、对手和朋友中穿梭、谈判、握手，以精确的计算和惊人的顽强意志向目标推进。大多数时候，他都取得了成功。有评论说，基辛格是美国历史上第一个抢尽了两位总统风头的白宫幕僚。1971 年 7 月，基辛格主导了著名的“乒乓外交”，作为尼克松总统的特使访华，为中美外交恢复关系做出了历史性贡献。

基辛格退休之后，并没有待在家里享清福。他广泛游走于非洲、拉美、亚洲的各个角落，用他自己的话说：“我要用我的交往能力，在世界各国人民之间传递友爱和快乐。”由于他对世界和平事业的突出贡献，在 1973 年被授予诺贝尔和平奖，又于 1977 年被授予美国总统自由勋章。

基辛格始终认为，通过自己积极的穿梭交往，可以为许多孤独的人带来快乐，而自己也从中得到了莫大的喜悦。毫无疑问，基辛格具有超级交际能力以及随之而来的无敌人缘。不过，这些交际能力并非是与生俱来的。

小时候的基辛格，并不擅长与别人相处。他有点内向，只热衷于指挥自己的锡兵们打仗。基辛格的母亲觉得奇怪，就指着窗外一群闹腾的小伙伴，问他："孩子，你为什么总是一个人玩呢?"

小基辛格头也没抬，摆弄着地上的锡兵说："可是，我觉得一个人玩很有意思啊!"母亲想了想，默默地走出了房间，留下小基辛格一个人在玩。

过了一会，母亲带了五六个孩子回来，他们每个人的手里都拿着自己心爱的玩具，有汽车、马车、大炮，还有舰船……几个孩子把这些玩具摆开，分成两派，玩起了作战游戏。

小基辛格看到了，觉得很有意思，母亲就对那些孩子说："为什么不让小基辛格一起参加呢?"

伙伴们毫不犹豫地说："来吧，欢迎加入!"

小基辛格看到小伙伴们热火朝天的"战斗"，本来就心里痒痒，见他们邀请，就拿着自己的锡兵兴致勃勃地加入阵营。在与伙伴们的游戏中，小基辛格领会到了他从来没有过的欢乐。

后来，基辛格长大了，先是成为一名国际关系专家，继之又成为美国的国务卿和诺贝尔和平奖得主。他始终都认为，童年的这次经历对他的改变非常大。正是那次经历，使他体验到了与别人相处时的快乐，而长大以后，他也愿意通过自己积极的努力把更多的快乐带给别人!

现代社会，人际交往能力已经成为个人事业成功的重要因素。实践证明，凡有大成就者都具有良好的人际交往能力。这种能力，其实就是理解他人的能力，比如如何去感受别人的情绪，了解他人，然后在此基础上进行沟通与合作等，达到自我提高、自我发展。

作为孩子来说，人际交往能力包括以下表现：能够安静地听别人讲话，理解、安慰和关心别人，喜欢和小伙伴玩耍等。这些能力需要家长耐心培养。家长不能错误地认为孩子天生性格内向，不爱说话。其实，每个孩子都具有可塑性，如果家长不对孩子进行交往能力的培养，孩子难免会发展成独来独往、唯我独尊的人，长此以往，孩子的心理就会扭曲，并影响其他方面的成长。

交际能力要从小培养

据专业人士的多年研究得出结论，许多成年人不善交往、拘谨的个性可以追溯到他的幼儿时期。如果孩子的拘谨、不善交往在幼时得不到解决，那么他的不合群、不爱与他人交往的个性将会妨碍他今后事业的成功。可见，社会交往能力是人一生当中很重要的内容之一。许多家长都深谙其理，而且也会因为孩于不懂得谦让，不善于与同伴交往、合作而伤脑筋。那么，父母如何培养孩子善于交往的能力呢？

其实，这并不难，只要用心去做、去实践，就会成为一个交际高手。

1. 从与家庭成员交往做起

在家庭中，家长应该创造一种民主平等、亲切和谐的交往氛围。所谓民主平等，意味着以父母为中心和以孩子为中心的方式都是不可取的，父母应当成为孩子的朋友，要让孩子敢说、爱说，有机会说话。家庭中的大小事，孩子能理解的，应该让孩子知道。适当地让孩子参与成人的某些议论，有利于树立孩子的自信心，使孩子敢于与成人交往。家庭中有关孩子的一些问题，更应该听听孩子的意见，看看孩子的想法，不要一味地只是家长说了算。

2. 要给孩子提供更多的交往机会

家长应适当地带孩子进入自己的社交圈，让孩子到外面去串门，找小伙伴玩耍，也应该允许自己的孩子邀请小伙伴到家里来做客。家长可以指导孩子怎样和同伴一起玩。例如，家里买了新的玩具，家长可提醒孩子请邻居家的孩子来一起玩。别的小朋友上门来玩，家长要讲表示欢迎的话，消除他的恐惧心理，还要叫自己的孩子拿出好吃的东西招待他，拿出好玩的东西给他玩。让孩子有充分的时间和小朋友们交往，得到更多的交往机会，体验到和同伴交往的乐趣。

3. 用自己的交往经验丰富孩子交往的技能

为了帮助孩子成为受同伴欢迎的人，在社交中得到快乐，家长应有意识地教给孩子一些交往的技能。简单地说，这些技能包括：

培养孩子的礼貌习惯，学会尊重别人，平等待人。父母应让孩子在交往中学会使用礼貌用语，如“请”“谢谢”“对不起”等，告诉孩子只有懂得礼貌的人，别人才愿意和他一起玩耍，才肯把心爱的玩具给他玩。对孩子在活动中礼貌语言用得好的时候要及时进行鼓励、表扬，强化孩子的礼貌行为，形成良好的礼貌习惯。

让孩子学会容忍与合作。在交往中，遇到与自己意愿相悖的事，家长应教育孩子学会忍让，与同伴友好合作，暂时克制自己的愿望，服从多数人的意见。例如，几个孩子在一起商量做什么游戏，大家都说玩动物园的游戏，而自己的孩子却想玩过家家，此时，家长就要教孩子克制自己的愿望，和同伴们一起高高兴兴地玩动物园的游戏。这样才能有利于交往顺利进行。

学习遵守集体规则。孩子们在交往时，会自己制定一些规则来约束每个人的行为，谁破坏了这些规则，谁就会受到集体的排斥。只有自觉遵守集体规则的人，才能得到大家的喜爱，也才会有更多的朋友和他一起玩。

培养孩子乐于助人的品质。孩子们在交往中常常会碰到一些困难，家长不仅要鼓励孩子自己想办法解决问题，同时还应支持孩子帮助其他的朋友克服困难，如朋友摔倒了要将其扶起来，同伴的玩具不见了要帮着去寻找等。要让孩子知道乐于助人的人就会有很多的朋友。

此外，家长应注意，多表扬孩子那些符合社会期望的好行为，如合作与分享行为，还可充分利用看电视、看书以及与别人一起玩等机会，及时发现可供孩子模仿的榜样，利用榜样的力量，引导孩子与同伴积极交往。

如同我们在前面所提到的基辛格的母亲一样，家长在孩子幼小的时候就有意识地培养他们的社交愿望，教给他们社交技能，对孩子来说将是终身受益的。

多让孩子参加集体活动

所谓的交往就一定不是个体的行为，那么，交往能力的提升也一定要让自己融入到集体之中才能实现，这就给父母们提出一个课题，光靠苦口婆心来教育孩子如何结交朋友并与之相处融洽不行，要让孩子在真实的社交中去学习与领悟。心理学家认为，同伴对指导或训练儿童掌握社会交往技能、帮助孩子走出孤独的困境具有特殊的作用。因为，某些技能，儿童是无法在成人那里学到的。

在集体活动中，孩子与同龄的小伙伴打交道的过程里，孩子会学习和掌握许多社交能力，如组织、合作、理解、沟通、尊重等。

安南，是联合国第七任秘书长，他于1997年1月就职后，便积极开展协调活动，周旋于世界各个国家之间，为世界的和平发展作出了杰出的贡献。人们评价他是一位“使联合国更接近人民”的联合国秘书长。

但是安南并不是生来就是一个组织能力如此强的人。安南出生在非洲的加纳，很小的时候就被父母送到美国上学，住在美国的叔叔家里。在他就读的那所学校里，黑皮肤的孩子很少，他很少有玩伴，因此显得很孤独。同年级有几个好事的白人男孩，总是因为他的肤色欺负他。

有一次，学校里组织少年篮球比赛，小安南也报名了，在比赛中他表现出了很娴熟的技术，带球过人、分球、投篮，和伙伴们一起一路闯进了决赛。在决赛中他面对的对手正好是那几个经常欺负他的男孩。

决赛开始了，这是一场激烈的比赛，小安南照样表现得很突出，他接连投进了几个球，使本队的得分超过了对方好几分。就在这时，那几个白人男孩急了，其中一个男孩趁着裁判不注意的时候，用肘部狠狠捅了小安南一下，小安南感到一阵剧痛，但是他还是强忍着疼痛坚持打完了比赛。

虽然最终赢得了比赛，但比赛之后，小安南回到家里，见到叔叔就哭了："我再也不想去那里上学了。"

叔叔了解了事情的经过后，问他："上学可以使你成为一个有用的人，你将来想做什么呢?"

小安南说："我想成为一个受全世界尊重的人，不让我们再因为肤色受到别人的歧视。"

"那你就不该为这点小事而打退堂鼓，而应该积极加入他们，影响他们，让他们熟悉你、了解你，然后你才能够赢得尊重。"叔叔鼓励他说。

小安南记住了叔叔的话，从那以后，面对学校的集体活动时，他不再像以前一样总是孤单地站在一边，而是积极参加各项活动，大家很快就发现这个看起来很孤僻的黑孩子其实口才很好，组织能力也很强，是一个很出色的组织者。

就这样，小安南渐渐赢得了大家的尊重。高中毕业之后，他考入麻省理工学院，获得管理学硕士学位。根据自己的意愿，他进入联合国工作，凭借着自己出众的组织能力与影响力，他最终当选为受全世界人民尊重的联合国秘书长，为世界的和平与发展作出了很大的贡献。

父母应教育孩子多参加集体活动，使之融入到集体生活中，在集体活动中做一些自己能做的事情，加强与小伙伴们的交往，增加小伙伴们对自己的好感和信任。应教育孩子在集体活动中，多干事情，少指挥人。如果一个人自己不做事，却喜欢指挥别人，那么小伙伴们就会对他产生反感，直至讨厌与他交往。在集体活动中还应尊重别人，当别人遇到困难时，主动帮助别人，这样能赢得更多的朋友。如果有的人对自己态度冷淡，也不必介意，继续友善地和他相处，久而久之，他就会对你热情起来。

父母还应鼓励孩子参加各种体育活动。体育是一种直接与人正面接触和竞争的群体活动，总是要有两个以上的人参与才有意义，更重要的是，体育活动不但需要智慧和力量，也需要胆量。这胆量，正是人际交往所必需的一种要素。孩子一旦爱上体育，就会主动寻找对手，这种寻找，就是交际。合适的对手，往往就是具有深厚友谊的伙伴，多与之交往有利于提高交际能力。

让孩子懂得倾听

懂得倾听听起来似乎是没什么不可以做到的，但真正地做到善于倾听确实是不容易的。善于倾听就是善于当学生，而不是当老师，善于倾听是谦逊做人。

英国作家萧伯纳是个很聪明、很健谈的人。但少年时，他总是习惯于表现自己，无论到哪里都爱表现自己，而且出语尖刻。一次，他的一个朋友忠告他："你说起话来真的很有趣，这固然不错，但大家总觉得，如果你不在场，他们会更快乐，因为有你在场，大家就只能听你一个人说话了。加上你的言词锐利而尖刻，听着实在刺耳，这么一来，朋友都将离你而去，这样对你又有什么益处呢?"

朋友的提醒深深地触动了萧伯纳，他从此下决心改掉"自话自说"的习惯，这样，他真正赢得了朋友的欢迎和尊敬。

西方有句名言：上帝给每个人两只耳朵，但却只给每个人一张嘴，其目的就是要人少说多听。在人与人的交往中，学会倾听，不但能给予他人自信，使自己取得信赖、赢得友谊，也是了解别人的最好方式。

那么，怎样做才能让孩子学会善于倾听呢？

1. 培养孩子注意倾听的习惯

有的孩子在听他人讲话时要么心不在焉，要么目标转移，要么四处走动，这种行为使说话者受到伤害，谈话不仅无法收到较好的效果，还会影响双方的关系。

家长要让孩子懂得在听别人讲话时也要尊重他人，可以表情自然地坐着或者站着，眼睛看着说话的人，不要随便插嘴。安静地听别人把话说完，这是一种礼貌。

2. 提高孩子对声音的注意力

教育家乌申斯基说："注意是一座门，凡是外界进入心灵的东西都要通过它。"根据著名生理学家巴甫洛夫研究，人在集中注意力时，大脑皮层上就会产生"兴奋中心"，在同一时间内，只能有一个"最优势的兴奋中心"。所以只有唤起孩子对声音的注意，集中注意力有意倾听，才能准确、有效地接受"听"的各种信息。

卡耐基说："一双灵巧的耳朵，胜过十张能说会道的嘴巴。"要告诉孩子，倾听不仅是在感受，更重要的是自己对别人的尊重，体现的是一种处世态度和胸怀。

3. 通过实践训练孩子的倾听能力

通过游戏训练孩子的倾听能力，引起孩子的兴趣。

一种良好的练习倾听的游戏就是"传话"。比如，妈妈可以向孩子说一段话或者讲一个故事，要求孩子认真仔细地听完，然后把这段话或者这个故事讲给爸爸听，妈妈要听听孩子复述得是否准确。或者，几个甚至十几个孩子共同玩这个游戏，大家围坐一圈，由一个人开始，将一段话悄悄传给第二个人，第二个又传给第三个人……如此转一圈，当最后一个人把话传到发话人的时候，原话往往已经变得面目全非了。通过这种游戏可以训练孩子的倾听能力。

4. 教会孩子善于利用提问来培养倾听

孩子掌握了恰当的提问方式，可以帮助他把说话的机会留给他人。

对于不认识的小朋友或同学，他们在交谈的时候，两人往往会以提问的方式进行，但是怎样提问却是有讲究的。可以提一些开放式的问题，引导他人畅所欲言。比如，面对新转学来的同学，可以这样提问："你是从什么地方转学过来的?""你们那里有没有好玩的地方?""你能不能谈谈你来这里后的所见所闻?"这样，对方就可以介绍一些提问者不太了解的事情。这种提问方式无疑是应该提倡的。

但是，应该提醒孩子，在提问的时候一定要避免涉及对方隐私和敏感的话题。

让孩子懂得与他人合作的重要

合作精神，是孩子未来发展、立足社会的重要素质。如果一个孩子未曾学会合作，他必定会走向孤僻的道路，并产生强烈的自卑情绪，严重影响他一生的发展。可见，合作对于孩子而言是多么重要。合作重要的意义在于，能够赢得别人的帮助，从而有利于自己的发展。

一般来说，善于与人交往与人合作的人，在心理学上被认为是外向的人。外向的人往往能够自觉地与人交流，做事的时候也喜欢询问他人，获得他人的帮助。但是，外向的性格并不是天生的，这种性格是可以后天培养的。

在日常生活中，有许多事情必须要两个或两个以上的人合作才能完成，只凭一个人的力量是无法做到的。父母可以利用这种机会让孩子体验一下个人无法完成的挫折感，从而懂得与人合作的重要性。

一个人问先知伊里亚："地狱什么样？天堂又什么样？"伊里亚拉着他的手，走进一间大屋。屋子中间吊着一个大肉汤锅，锅里飘逸着让人垂涎欲滴的香味。汤锅的四周，围满了骨瘦如柴的人们，每个人都在用一把好几尺长的大汤勺贪婪地舀着。由于汤勺太长，人们不可能把汤喝进自己的嘴里。于是他们互不相让，互相抱怨。伊里亚对那个教徒说："地狱就是这样！"然后，他们来到了另一间房子。与前面那间房子里的情况一样，房子里也有大肉汤锅，旁边围坐着人。但不同的是，他们每个人都把汤舀起来，送到对方的口中，彼此在合作中都能吃到东西。伊里亚对那个人说："天堂就是这样！"

天堂和地狱的区别就在于人与人之间能否合作。天堂里的人们愿意与他人合作，于是生活过得快乐；而地狱里的人们不懂得合作，自私地只为自己着想，但是结果非常凄惨。只有让孩子学会与人合作，才更有可能获得成功和幸福。

合作不是一般意义上的人际交往，而是为了一个共同目标结成的互助互利的双赢关系，而且合作的力量总是大于每个部分的总和。如今早已不是靠单枪匹马闯天下的年代了，合作对孩子的一生具有重要意义。

父母要在生活中做出合作的榜样。家庭是孩子学习生活的第一课堂，当然学习也包含合作的内容。因此，父母要为孩子树立一个良好的榜样。爸爸妈妈之间、爷爷奶奶之间、婆婆媳妇之间能否分工合作，互相配合，会对孩子产生直接影响。

超超家里一般都是妈妈掌勺做饭，爸爸在旁帮厨；家里搞卫生，爸爸拖地，妈妈帮忙整理家务；爷爷买衣服时，妈妈帮着出主意。另外，超超的父母与邻里之间、与同事之间、与亲戚之间也经常友好合作，互相帮忙。邻居正在抬一个重物，爸爸会主动帮忙，把重物抬走。这些事情，超超都看在眼里，所以超超也养成了与人合作的好习惯。

生活中，我们要注意自身行为，为孩子树立正面的榜样。在合作中不互相责备，而是对身边的各种合作行为进行积极评价和鼓励，这样就可以激发孩子学习合作的动机，让孩子产生合作意识，从而学会与人合作。

在孩子们的游戏中也能体现合作的力量，通过游戏也能提高孩子与人团结协作的意识。如果孩子自以为是，不顾别人，他就不能在游戏中取得胜利，也感受不到快乐。所以，父母要积极引导孩子与他人合作。让孩子加入到小伙伴们的集体游戏中，使孩子体验与人合作取得胜利后的感觉。

王女士经常带儿子到小区活动场和其他小朋友玩一个叫“人桥”的游戏。

一些孩子弓着腰，拉着手，形成一个“人桥”，另一些孩子就在这个“人桥”上走过去。这是一个合作的场面，做桥的孩子们都弓着背，让自己组的小伙伴一个接一个地往上跑。跑过去的孩子就自觉地在前面弓下腰，再让小组成员通过。

这个游戏充分体现了合作的力量，每一个做人桥的孩子都要站得牢，才能保证其他孩子顺利从自己的背上跑过去。王女士发现儿子玩得非常投入，生怕把背上的小朋友给摔下来，游戏时他表现得非常认真，总是累得满头大汗，王女士则对儿子大加赞美。

也许父母会心疼自己的孩子被别人踩，但事实上，孩子在这个游戏中却学会了怎样与人合作。我们在家庭生活中也可以和孩子玩一些需要合作的游戏，在玩游戏时，不与孩子配合，让他一个人玩，使他在体验到一个人玩的无趣后，希望与他人一起合作玩游戏，这也能让孩子体验到与人合作的重要性。

培养沟通能力，建立良好的人际关系

为什么要从小就培养孩子善于建立好人缘的能力呢？这完全是未来孩子走向社会以后生存和事业的需要。

独生子女有很多长处，也有其自身的弱点，喜欢独处，不善于与人交往就是其中之一。孤独，不善交往就不易与人建立良好的关系往来，那么，遇到困难就不会有援手伸过来。而善于交往的人，就会有许多关系伙伴，一旦有事，可有八方支援，因此我们应让孩子从小学习与别人接触、沟通。在与别人的相处中，既锻炼了自己的组织能力，也学到了别人的优点与长处。

1. 想让别人怎样对你，你也应怎样对别人

比如，同学有病或有了困难，你去关心同学，给他补课或借笔记，或帮同学解决困难。当你生病或遇到困难时，别人也会关心、帮助你，这是一个互动的、相互感染的过程。

2. 态度要真诚，表里如一

如果虚情假意，当面一套，背后一套，对人不真诚，别人就不愿意和你相处，相处也是面子上的事。因每一个人都有他的长处，我们要以真诚的态度向别人学习，不仅自己能学到很多有益的东西，也锻炼了自己的沟通能力。如果再善于总结，就会学到不少沟通的技巧，将来学习、工作，也很容易融入自己所在的集体中。

3. 要尊重别人，对人要宽容大度

要常常设身处地地为别人着想，如果常仗着自己的父辈有权，家里钱多或有某项特长就瞧不起别人，不尊重同学，说话总有一种居高临下的优越感，盛气凌人，或说话尖酸刻薄，或玩笑开得过头，都会令人心

里不快或下不来台，别人就会疏远你，你不成了孤家寡人才怪呢。

4. 恰如其分地赞美别人

时常赞美别人，能给别人一种积极向上的鼓励，也能使自己的心情豁达、愉快。

5. 真诚地承认错误

勇于承认自己的错误是一个人有实力、有信心的表现。别人能从你真诚的自我批评中感到你不是一个文过饰非的人，而是一个值得信赖的人。还应该主动、积极地和同学交往，不要总等着别人来找你。

以这样的原则处关系、交朋友，人缘一定很好，朋友一定多，也一定会受到人们的欢迎。

九　教孩子学会掌控情绪

——掌控情绪就是避免错误

情绪的产生是一种随机事件，但它多数都是缘于一定的事由而起，应该说：没有突发事件，就没有情绪的波动，我们掌握了情绪波动或产生的规律，我们就有帮助孩子掌控情绪的方法。首先，我们应该提醒孩子尽量远离让自己产生情绪波动的环境；其次要做的就是帮助孩子摆脱已经产生的情绪波动。

帮助孩子学会自控

一般地说，孩子的自控能力都比较弱，这主要是因为孩子对社会和生活的阅历比较少，对处理问题也缺乏正确与否的判定标准，因此，做父母的理应帮助孩子增强这方面的素质教育。

李力是初中一年级的学生，有一天放学骑自行车回家，因同学较多，不慎和另一个骑车的同学发生碰撞，于是两个人大吵了起来。回到家里，李力心中仍然怒气未消，和谁说话都气冲冲的，一会儿摔书包，一会儿又把一只杯子摔碎了。看他这副样子，他的爸爸顿时火冒三丈，对他吼道："你个没用的东西！在学校里受了气，回来找你父母发泄，你再敢有点脾气试试，看我不抽你！"

李力对爸爸无可奈何，他把自己关在房间里，但心中的怒气不仅未消，反而增加了，刚才是对同学不满，现在又多了对爸爸的愤怒。

现实生活中，孩子不如意时往往会宣泄其心中的不满情绪，但是有些家长对待他们的情绪，常常不能理解和宽容，动辄就用暴止阻力他们情绪的发泄。在家庭中，孩子情绪的发泄可能较为频繁，父母难以忍受，于是造成感情冲突，结果多是父母情绪占了上风，而让孩子情绪不能发泄出来。但父母这种行为不利于孩子以后情绪自控，还会造成孩子抑郁纠结，逐渐积累，等待机会进行更猛烈的爆发。

培养孩子的自控能力，对孩子以后的生活和学习都很重要。

1960 年 11 月，家住美国奥尔良市的 6 岁的黑人女孩鲁比被送到该市的威廉·弗朗茨小学上一年级。在这个学校里，鲁比是唯一的一个黑人孩子。

鲁比能得到在白人学校里上学的权利，是近百年来黑人争取平等和地位的斗争的结果。1960年11月，美国联邦政府命令新奥尔良市的白人学校和黑人学校混合起来，让黑人和白人的孩子在一起上学。法官命令4个黑人女孩到两所白人学校上学，鲁比就是其中之一。其他3个女孩被送进了同一所学校，而鲁比只身一人被送到了威廉小学。

一段时间以来，鲁比成为了这所小学里有史以来最不受欢迎的人。白人孩子们对她的到来怒气冲天，他们高举着让她滚回去的牌子，并且咄咄逼人地尖叫着极其不欢迎的话语。因为害怕鲁比受到伤害，刚开始的时候，美国总统命令联邦法院的执行官查尔斯·伯克斯派人执枪保护她。查尔斯后来回忆说："一个6岁的小姑娘，在4名陌生的副执行官的护送下走进一所陌生的学校，一个她从来没有去过的地方。她表现得勇气十足，不哭泣，不退缩，她像一名勇敢的士兵那样昂首大步前进。"

后来的情况更糟糕了。鲁比经常一个人坐在教室里面，因为白人孩子不情愿和这个黑孩子一起上课学习。老师只好陪伴她一个人学习阅读和算术。芭芭拉·赫尔利是一名心底公正的白人老师，她每天从教室窗外看着鲁比，她感到非常惊讶："这个只有6岁的小女孩是那样的镇定，在那样大的压力下自控得是那样之好！看不出她有紧张、焦躁、焦虑、恐慌或其他的任何不良情绪反应。就像我教过的其他孩子一样，她显得一切正常、轻松自如。"

有一天上午，芭芭拉意外地看见鲁比在尖声叫喊的白人孩子群中穿行时，突然停止了脚步，好像在对那些群情激愤的白人孩子们说着什么。"这回，她终于控制不住了，终于生气了。"芭芭拉想。

没过多久，鲁比便好像什么事也没有发生一样，静静地走进了教室。芭芭拉问她对那群孩子说了什么，鲁比解释说："没什么，我只是在祈祷而已。我每天上学前和放学后都祈祷，来帮助自己度过每一天。"芭芭拉终于明白了，原来这个可怜的黑人小女孩是通过祈祷来控制自己，她祈祷上帝宽恕那些向自己说污言秽语的人们。

对于一个6岁的孩子来说，还有比对鲁比所遭受到的更不公正的事情吗？要说生气，鲁比比任何人都应该大发脾气！但是鲁比没有，她依靠坚强的自控力熬过了那段艰难的日子。由于自控，使她在危险四伏的环境中镇定自若。自控帮助她调节情绪，调节行为，使她始终奉行她心中认为是对的原则。

现在中国的孩子也许不需要面对鲁比那样的困境，但他们的成长过程中仍然会面临各种冲突、不公、诱惑和陷阱。当孩子遭遇到不良环境和不公平待遇时，往往会在心中产生怨言和激动的情绪，这时候，他就要通过一些渠道发泄出来，而在父母面前发泄是最安全、最稳妥的办法。遗憾的是有些本身不能自控、脾气粗暴的家长企图通过"权威"甚至"暴力"来控制孩子的情绪，这样下去不仅不利于孩子锻炼自控的能力，反而会让孩子的自控能力越来越差。

许多人常常为自己一时的情绪、好恶、欲望所支配，而迷失理智和理性，酿成本不该发生的无可挽回的损失，从而最终自己打败了自己。如果孩子能够做自我情绪的真正主人，控制自我、支配情绪，并自觉调节自我的行为，那就既能够自觉地完成理所当然的任务，又能够抵制不良的行为。这样的孩子能够将外在的约束力转化为内心的自我控制能力，这极有利于他们独立地步入社会。

所以，当孩子宣泄自己的情绪时，家长不要过多地去"堵塞"他们的发泄渠道，而应该让孩子自己在宣泄中学会控制自己的情绪，家长可以通过下面几点去引导孩子学会自控：

1. 帮助孩子在头脑中确立是与非的观念

要让孩子懂得什么是可以做的，什么是不可以做的，事先在脑海中建立一个判断是非好坏的标准。只有认识到自己行为的正确与否，才能控制自我。

2. 帮助孩子制定一些自我约束的规则

如果孩子能够自觉地约束自己准时起床、准时就寝、按时饮食，那么通过控制自己的生活会进而控制自己的内心和情绪。如果把控制生活形成习惯，那么控制内心和情绪也会成为一种很自然的习惯。

3. 教育孩子要胸怀大志

一个关注于一己私利的人常常会失去自控、情绪失控。当孩子自觉树立了一个需要长期奋斗才能实现的远大目标，就会轻而易举地克制自己的一时冲动。

4. 学会忍耐

一个人情绪容易失控，主要是“忍”字功做得不到家。所以修炼忍耐功夫是自控的有效措施。当孩子情绪激动的时候，告诉他一些可以控制情绪的方法，比如可以在心中默数“一、二、三……”再问问自己是否真得值得爆发，也可以通过掐自己的“虎口”穴位以制怒。

5. 让孩子养成冷静理智的心态

告诉孩子无论遇到什么事，都应保持冷静和理智，要学会分析各个方面丝丝缕缕的利害关系，再做出自己的决定。切忌惊慌失措，意气用事。

帮助孩子远离抑郁的阴影

据专业人士调查，目前在所有国家中，患有抑郁症和忧虑的人数都在增加。这和生活压力有关，当然和一个人所具有的心理素质关系更加密切。

王风高中毕业，可一连两次高考落榜。现在，他患有了严重的抑郁症，主要表现是：天天心烦意乱，无精打采，注意力分散，精力不集中，干什么事情都缺乏兴趣，也没有了先前参加高考的勇气。

这可能是因为高考失败所致。考试前的紧张复习备考，落榜后的失落、烦闷。看着那么多的同学都步入了理想的大学，他深深地感到自卑、失望、心情极不舒畅。久而久之，他开始有了失眠、健忘、思维能力下降、多梦、腰酸、脖子疼等症状。

王风的抑郁症严重地影响到了他现在的学习和生活。在职业技术学校学习期间，他整天无精打采，上课昏昏欲睡，什么事情都提不起兴趣，整个人好像与两年前高考备考时期换了个人似的。去心理医生那里检查，说是患上了抑郁症。

那么，什么是抑郁呢？当人们遇到不开心的事，会感到情绪低落，长时间的压抑会使人处于抑郁不安的状态。抑郁是一种消极的心境状态，通常的表现是沮丧、悲观、忧郁。有人曾对此做过调查，结果发现大约有 4.7% 的青少年有不同程度的抑郁，其显著的特点是情绪低落、郁郁寡欢、闷闷不乐、无精打采，对原本喜欢的事物也会失去兴趣，不愿和人交往，甚至故意回避熟人，干什么都提不起精神，对自己没有信心，经常为一点细小的过失或缺点后悔不已。从表面上看，这些人疲乏倦怠、表情冷漠，整个生活弥漫着灰暗的气氛。

抑郁的形成受很多因素的影响，如性格内向、文静、不爱交际、孤僻、多疑、执拗、依赖的儿童，常注意事物消极面很容易产生抑郁。另外，抑郁情绪的出现，一般都有心理或精神的促发因素，如父母离异、父母对子女漠不关心，孩子的人际关系不协调、学习成绩较差等负面生活事件等，均可能诱发抑郁情绪。当然，家族遗传性因素对儿童抑郁也有一定的影响，专家调查发现 50% 的抑郁儿童的父母中至少有一方有抑郁的倾向。虽然说孩子胆小、性格内向，有先天原因，但是后天的环境更为重要。为此，做为父母不但要保证自己不抑郁，还要帮助孩子远离抑郁。

1. 帮助正确认识压力，平和生活

有些孩子做错了事或者经历了几次失败，就会精神不振，尤其是抑郁的孩子，在这一方面表现更为突出。如果发现自己的孩子这样，父母一定要心平气和地对待孩子的过失和失败，运用恰当的教育方式，耐心地启发诱导。绝不能盲目指责，否则很容易让孩子感到压抑。当孩子不愿意参加某些活动时，父母不要催逼他去参与或吓唬他，而是有意识地引导他避免经历不幸和伤害。对孩子所担心的事情，父母要给以科学的解释，尽力地消除孩子的顾虑。

2. 教会孩子善于交流，多角度看待生活

交流与观察能有效地释放内心的压抑，从而消除顾虑。作为父母，在孩子紧张、不安，或者苦闷的时候，不妨试试耐心地倾听，让孩子感觉到父母能理解他，从而使紧张情绪得到缓解。在平时，父母也要注意让家里形成一种轻松的气氛，比如，经常讲讲笑话，说点有趣的事。当然，父母也可以有意地运用一些排除苦恼的技巧，比如当自己不快的时候，可以听听优美的音乐，走到室外散散步，向别人说说自己的顾虑等方法，这些都可以消除郁闷。如果父母在生活中善于运用各种方法来排除苦恼，那么当孩子不高兴的时候，他也会模仿父母，运用一定的方法来缓解不良的情绪。

3. 引导孩子多参加与外界的交往

父母应当尽量让孩子经常同与他年龄相仿的小朋友一起玩耍和交谈，特别要让他多参加集体活动，让孩子与他人的交往变得积极主动，培养孩子合群的性格。父母可以把孩子的优缺点告诉老师，让老师给孩子更多的关注。父母可以建议老师在课堂上有意叫孩子回答问题，然后在小朋友面前夸张地表扬他，树立他的自信心，帮助孩子克服在其他小朋友面前的羞怯感和自卑感。当然父母和老师谈话时，一定不能让孩子看见，抑郁的孩子一般都很敏感，如果孩子看到了，可能还会有其他不良的影响。

另外，也可以通过不同的活动培养孩子的胆量，比如有可能的话，可以让他离开父母或者离开家，独自在亲朋好友家住上一段时间，以锻炼他独立生活的能力。

抑郁是一种不良情绪，会影响孩子健康成长，所以，父母应该为孩子提供快乐的生长环境，避免孩子受到抑郁侵袭。

如果孩子生活在一个充满理解和关心的环境里，孩子就可能不表现出来抑郁的特点，时间长了，这种不良的表现可能就会逐渐被掩盖。所以，在生活中，父母一定要细致入微地关心孩子，体贴孩子，如发现孩子不快乐，就要帮孩子找出原因，重拾快乐。

不让孩子养成任性的毛病

一个人在生活中面对某些问题，时不时地要性子，这是一种坏情绪，它无助于解决问题，相反，还会影响解决问题的思路和方向。

巧巧是一个爱耍性子的孩子。巧巧本来是一个很乖巧的孩子，但就是脾气说发就发，也不管什么场合，不管对方是什么样的人。因此，周围的人并不怎么喜欢她，因为她从不考虑一句话出口的后果，所以常常让人困窘不堪。有一天，她不知为了什么事，和同学在教室大吼大叫的，最后，她把桌子一拍，拿起书包，大声说："我不与你们一起上学了可以吧！"但学校不是说换就换，第二天她仍然得上学，但是，同学们更不愿接触她，使她很孤单，这就是巧巧任性的结果。

任性是一种坏情绪，它会使你失去所有成功的机会。在生活中，人们也常常听到许多父母说，"我的孩子很任性，气死我了！"其实，任性的孩子不但气人也很难适应这个社会。

前苏联作家阿赞罗夫在《少年的家庭教育》一书中曾写到："孩子个性的形成就像春天飞翔的鸟儿，它好像已经知道往哪里飞，又好像不知去向，一会儿高高飞翔，接着就像石头往下掉似的向下俯冲，在云层里飞驰而去，集自由、力量和毅力于一体。"在这里，我们可以看到个性对于孩子的发展有多重要。

任性是孩子个性的表现之一。现在，独生子女的任性带有普遍性，是孩子要挟大人满足自己某种需要的手段，养成这种不良品质的原因，不外两种：一是大人对孩子的非分要求，教育方法不当，一味批评训斥，不讲道理；二是父母之间、奶奶爷爷之间对于孩子的不合理要求，处理方式或者意见不一致、互相矛盾。爸爸批评，妈妈护着；妈妈批评，爷爷、奶奶护着，时间一长，次数一多，孩子就觉得有了倚仗，就更不想改了，任性的毛病就这样慢慢形成了。一旦养成这样的毛病，要想改掉，相对就比较难。

父母要想教育好孩子，使孩子改掉任性的坏习惯，其实有许多的方法：

1. 在教育孩子上，家人的态度要保持一致

家人在教育孩子上，态度要保持一致，特别是爷爷、奶奶千万不要在孩子父母批评孩子的时候出面袒护、干涉，家人之间遇有意见不同的时候，也要避开孩子去商量。

2. 对孩子的任性不要迁就

如果对孩子的任性不分青红皂白地退让迁就，那么孩子就会得寸进尺，以致无法再进行教育。所以，父母一旦发现孩子任性，就不能姑息迁就。

3. 要耐心地给孩子讲道理

在孩子任性、吵闹的时候，父母不要劈头盖脸地严厉批评，更不能打、骂，可以因势利导，正面耐心地讲道理，给孩子说明不合理的要求不能满足的道理。

4. 教育时要讲究方式方法

必要时，来点“惩罚”，比如对他的哭闹谁也不理睬，即使他不哭不闹了也要“冷淡”他一段时间，待他沉不住气主动搭讪着接近大人时，抓住这个时机，郑重地向他讲清不满足他无理要求的原因，指出他任性不对，让他保证再不这样做。只有这个时候，批评才是有效的。

教育孩子正确认知情绪

情绪作为一种心理现象，有时能左右或决定着一个人正在做事的效果，情绪因其有好坏之分，因此，它影响做事的结果也有好坏之分，教育孩子正确认识情绪，目的是要能驾驭情绪，使自己不产生坏的情绪。

1936年9月7日，世界台球冠军争夺赛在纽约举行。路易斯·福克斯的得分一路遥遥领先，只要再得几分便可稳拿冠军了，但就在这个时候，他发现有一只苍蝇落在主球上了，他挥手将苍蝇赶走了。可是，当他俯身击球的时候，那只苍蝇又飞回到主球上，他在观众的笑声中再一次起身驱赶苍蝇。但此时这只讨厌的苍蝇显然是破坏了他的情绪。而且更为糟糕的是，苍蝇好像是有意跟他作对，他一回到球台，它就又飞回到主球上来，引得周围的观众哈哈大笑。

路易斯·福克斯的情绪恶劣到了极点，他终于失去了理智，愤怒地用球杆去击打苍蝇，球杆碰到了主球，裁判判他击球，他因此失去了一轮机会。在接下来的比赛中，路易斯·福克斯方寸大乱，连连失利，而他的对手约翰·迪瑞则愈战愈勇，终于赶上并超过了他，最后拿走了桂冠。第二天早上人们在河里发现了路易斯·福克斯的尸体，他投河自杀了！

福克斯的悲剧告诉我们，一个人如果控制不了自己的情绪，他就无法控制事情，结果一定是失败。福克斯与迪瑞的两种结局正好说明了这一点。

达尔文说："人要是发脾气，就等于在人类进步的阶梯上倒退了一步。"但在生活中，很多人正习惯于乱发脾气。究其原因，是因为容易发脾气的人缺乏自制和忍耐的性格，不会控制自己的情绪，从而让自己的生活极为可怕。这是从一个十分普通的事件中发现的。这项发现使拿破仑·希尔获得了一生当中最重要的一次教训。

一天，拿破仑·希尔和办公室大楼的管理员发生了一场误会。这场误会导致了他们两人之间彼此憎恨，甚至演变成激烈的敌对状态。这位管理员为了显示他对拿破仑·希尔一个人在办公室中工作的不满，就把大楼的电灯全部关掉。这种情形一连发生了几次。有一天，拿破仑·希尔到书房里准备一篇预备在第二天晚上发表的演讲稿，当他刚刚在书桌前坐好时，电灯熄灭了。

拿破仑·希尔气得立刻跳起来，奔向大楼地下室，他知道可以在哪里找到这位管理员。当拿破仑·希尔到那儿时，发现管理员正在忙着把煤炭一铲一铲地送进锅炉内，同时吹着口哨，仿佛什么事情都未发生似的。

拿破仑·希尔立刻对他破口大骂。长达5分钟之久，他都以比管理员正在照顾的那个锅炉内的火更热辣辣的词句对他痛骂。

最后，拿破仑·希尔实在想不出什么骂人的词句了，只得放慢了骂人的速度。这时候，管理员直起身体，转过头来，脸上露出开朗的微笑，并以柔和的声调说道："呀，你今天有点儿激动吧，不是吗？"

他的话就像一把锐利的短剑，一下子刺进拿破仑·希尔的身体。

希尔一时间不知所措。因为站在拿破仑·希尔面前的是一位文盲，他既不会写也不会读，但他却在这场战斗中打败了自己，更何况这场战斗的场地，以及武器，都是自己所挑选的。

拿破仑·希尔的良心由此受到了谴责。他知道，他不仅被打败了，而且更糟糕的是，他是主动的，又是错误的一方，这一切只会更增加他的羞辱。

拿破仑·希尔知道，自己必须向那个管理员道歉，内心才能平静。

于是，拿破仑·希尔再次来到地下室后，把那位管理员叫到门边。管理员依然以平静、温和的声调问道："你这一次想要干什么？"

拿破仑·希尔告诉他："我是回来为我行为道歉的——如果你愿意接受的话。"管理员脸上又露出和善的微笑，他说："凭着上帝的爱心，你用不着向我道歉。除了这四堵墙壁，以及你和我之外，并没有人听见你刚才所说的话。我不会把它说出去的，我知道你也不会说出去的，因此，我们不如就把此事忘了吧。”

拿破仑·希尔向他走过去，抓住他的手，使劲地握着。拿破仑·希尔不仅是用手和他握手，更是用心和他握手，在走回办公室的途中，拿破仑·希尔觉得像卸掉了一件沉重的包袱那样，因为他终于鼓起勇气，化解了自己做错的事。

此后，拿破仑·希尔下定了决心，一定要有自制力，要控制好自己的情绪。因为不能控制自己的情绪，另一个人——不管是一名目不识丁的管理员，还是有教养的绅士都能轻易地将自己打败。

在下定这个决心之后，希尔身上立刻发生了显著的变化，他的笔开始发挥出更大的力量，他所说的话更具分量。他结交了更多的朋友，敌人也相对减少了很多。这个事件成为拿破仑·希尔一生当中最重要的一个转折点。

拿破仑·希尔说：“这件事教导我，一个人除非先控制了自己，否则他将无法控制别人。它也使我明白了这句话的真正意义：‘上帝要毁灭一个人，必先使他疯狂。’”

但在生活中，为什么总有一些人喜欢乱发脾气呢？

事实上，乱发脾气，是人们情绪失控的一种表现，而要想不让自己乱发脾气，就得想办法控制情绪。那么，什么是情绪呢？

情绪专家认为，情绪是指短暂而强烈的具有情景性的感情反应，如愤怒、恐惧、焦虑、抑郁等。在与人交往、学习、工作中自己的情绪是非常重要的，我们高兴了，说明我们情绪好；我们沉着脸不高兴，说明我们情绪不好。

从心理体验上来说，情绪无非有两类：愉快的情绪和不愉快的情绪。如果从健康角度出发，情绪则分为良性情绪和不良情绪，所谓不良即是过了度，尤其是焦虑、抑郁、愤怒等情绪反应，危及心理能量，更遗祸于身体，甚至导致癌症。

无论大人还是孩子，不可能总是快乐无忧，但如果孩子不快乐，父母有责任帮助孩子学会控制自己的情绪，使之向快乐的方向转化。这就需要让孩子正确认知不良的情绪，然后加以控制。

有人说，控制情绪，实在是太难了，但再难也得学会控制自己的情绪，不然，会让坏情绪毁灭你的意志，丧失战胜自我的决心。

人一生就是在对这些不良情绪的不断克服过程中逐步完善的，而健康心理则要求我们对情绪的“度”要敏感，并且适当把握和控制，激怒时要疏导、平静，过喜时要收敛、抑制，忧愁时宜释放、自解，思虑时应分散、消遣，悲伤时要转移、娱乐，恐惧时要寻找支持、帮助，惊慌时要镇定、沉着。

孩子也有情绪不好的时候，这时，父母不要惊慌，要想办法帮孩子战胜它，要让孩子学会恰当体验、控制和表达他的各种情绪，孩子才能成为真正快乐的人。这样，孩子的人格才能逐步成熟。

父母宜不断地向孩子传播好情绪

实践证明，情绪是可以传染的，因此，父母在向孩子进行管控情绪教育中，首先要保证自己时刻保持好情绪，并以好情绪传播给孩子。

过去有一秀才进京赶考，进京后，他歇脚在一个客栈里，晚上睡觉时，他做了两个梦：第一个梦是梦到雨天，自己戴着斗笠打着伞；第二个梦是梦到自己在屋顶上种白菜。醒来后，他就赶紧去找算命先生解梦。算命先生一听，就告诉他：“你还是回家去吧，今年你铁定是考不上了。你想想，戴着斗笠还打伞，这是说你多此一举；屋顶上没有土，在那上面种白菜，这是说你白费劲，啥也得不到！”秀才听了情绪立刻沮丧起来，一回客栈就收拾行李，准备回家。

那个客栈的老板很奇怪地问："就快要考试了，你怎么却回家呀？"

秀才就把刚才算命的事告诉了老板，店老板听了，对秀才说："你这个秀才啊，既然这么信命，那我也给你解解看。你想想，戴着斗笠还打伞，这说明你这次有备无患；在屋顶上种菜，那么高的地方种菜，不是高种（中）吗？我看呀，你这次要不留下来，就会后悔一生啊。"

秀才听了店老板的话，情绪马上又好了起来，就留了下来。考试不久，皇榜出来了，他居然高中第三。

可见，人的情绪是很容易受外界影响的，好的情绪会给人以奋进和热情。

对于父母来说，更要学会控制情绪。因为父母如果因各种事情的影响而使心理波动，心境、情绪不稳，就会影响孩子的心情。

在我们身边，这样的父母大有人在：他们在心情好时，会对孩子亲近爱怜、关怀备至；心情坏时，对孩子视如路人，或动辄训斥打骂，往孩子身上撒气。这些做法都是极为有害的，例如：容易造成孩子的心情不稳定。比如当孩子没有做错什么事，却受到父母的冷遇或训斥，父母的反复无常会使孩子感到莫名其妙，有时又感到万般委屈，在父母面前无所适从。久而久之，就会造成孩子优柔寡断的个性。

作为父母，不管自己的心情好坏，空闲还是忙碌，一定要对孩子一如既往，该指导的指导，该关心的关心，使孩子感到父母永远在爱着自己，关心着自己，从而给孩子一种稳定感、安全感和信任感。

如果父母实在不能在孩子面前保持情绪的稳定，就要学会控制自己的情绪，比如：

1. 不要在孩子面前表现出发怒的样子

有的时候，孩子做的事情父母实在是不能容忍。但是，当父母和孩子之间有矛盾时，父母觉得自己不良情绪即将爆发时，请将焦点放在自己身上，而不是孩子身上。这点是很重要的。

2. 学会适当地宣泄一下情绪

现代社会人们的生活节奏不断加快，心理负荷不断增加，人们变得脆弱易怒。尤其是人到中年，要为很多事情操心，这些琐碎的事情在心里渐渐沉积，不知不觉中，成了挥之不去的压力。于是，一些父母便把自己的压力转移给了孩子。其实，一旦父母意识到愤怒的情绪就应加以控制、宣泄。比如生气时，可以打电话给朋友发泄一下，听听音乐，或是洗个热水澡，做任何可以让你身心平静下来的事。

当父母觉得可以控制自己的情绪，而且也意识到自己生气的原因时再回去面对你的孩子就能心平气和。

3. 利用环境调节情绪

环境对人的情绪、情感同样起着重要的影响和制约作用。素雅整洁的房间，光线明亮、颜色柔和的环境，使人产生恬静、舒畅的心情。相反，昏暗、狭窄、肮脏的环境，则会给人带来憋闷和不快的情绪。安静的环境，使人心情松弛、平静；而杂乱、尖厉的噪音，使我们烦躁焦急。因此，改变环境，也能起到调节情绪的作用。

大自然的美景，能够豁达胸怀，欢娱身心，对于调节人的心理活动有着很好的效果。长期生活在优美环境中的人，往往能够精神矍铄，心情舒畅。所以，在受到不良情绪的压抑时，可以到外面走走，看看美景，散散心。或到风景秀丽、景色宜人的公园去游玩游玩，或到绿树成荫的大道上散散步。绿色的世界，勃勃的生机，会使人心旷神怡、精神振奋、忘却烦恼，消除精神上的紧张和压抑之感。

4. 始终保持平和的心态

情绪的爆发只会造成感情上的伤害，增加愤恨，让你与他人之间联结和沟通的桥梁崩塌。所以，无论遇到什么事，父母都要学会保持平和的心态，特别是面对不懂事的孩子时。

比如：

面对爱折腾的女儿，妈妈大声地说："我告诉过你多少次了，不能够再这样！”。

结果女儿被妈妈吓坏了，眼泪一下就流了下来。

妈妈强迫自己镇静下来。

做个深呼吸之后，妈妈再告诉她：“我不是故意那么大声对你说话，只是我已经告诉过你，我不希望你把抽屉里的东西全拿出来，因为我必须再把它们放回去。妈妈要看到干净的地板，因为看到地板一团乱可能会让妈妈生气。”

10分钟后，女儿对妈妈说：“对不起，妈妈！我可以吃巧克力吗？”

“可以啊！”妈妈对她笑笑，“可是要努力记住，不要再将全部的巧克力都拿出来好吗？因为如果你这样，我就要再花时间放回盒子里面去。”

听妈妈这样说，女儿一本正经地点点头，“喔！好吧。”

孩子看到父母亲失去控制是很可怕的一件事，孩子很可能会哭泣，或是变得异常安静来回应你，因为他的身心受到了强烈刺激。

作为父母，一定要学会控制自己的情绪。无论孩子做了什么让你生气的事，你也要尽量保持平和的心态。不然，会给孩子一个不良的生长环境，有碍孩子的健康成长。

高效能地培养孩子的高情商

当情商这一概念被专家和学者介绍和传播后，受到了许多人的关注，特别是一些年轻的父母们，他们纷纷打电话或登门拜访咨询有关培养孩子EQ的问题，其实目前对EQ的主张可谓百家争鸣，所举的内容和培养之道亦是包罗万象，不胜枚举。依畅销书《EQ》的作者戈尔曼博士的说法，父母对孩子的情绪教育有五个步骤，分别简要介绍如下：

1. 察觉孩子的情绪

孩子如同成人一样，他们的情绪背后有其原因，不管他们是否清楚原因何在。当父母发现孩子有不明来由的怒气或沮丧时，不妨停下脚步来了解他们生活中发生了什么事情，并且运用一些方法来引导孩子安全地表达各种情绪。

2. 体察情绪是亲近孩子和教导孩子的机会

一些父母试图忽视孩子的负面情绪，希望他们的这些情绪能够自己过去，但父母经常发现这个方法的效果不好。事实上，父母在情绪的疏解方面要给孩子以协助，以帮助他们澄清情绪、了解情绪，才不致使孩子的负面情绪扩大或恶化。

3. 换位思考式的倾听和确认孩子的情绪

孩子的情绪需要父母通过注意他们的身体语言来觉察，如脸部表情和姿势。但是别忘了，孩子也会观察父母的身体语言。因此，父母可以用一种轻松但专注的态度来倾听孩子，可以通过不带质问的语气来询问孩子，了解他们的情绪，如说："你今天看起来有点累?"然后，等待孩子的反应。

4. 帮助孩子以言语表明情绪

当父母看到孩子流泪，可用同理心来反应："你觉得很伤心，是不是?"这可以让孩子了解，并学到描述情绪的字眼。研究显示，一个人如能以适当的言语形容情绪，可以帮助自己在神经系统上取得宽心或镇静的效果。当然，这并不是让父母告诉孩子该如何表达情绪，而只是单纯地协助孩子发展表达情绪的语汇。孩子也如同成人一样，他们同时也会有两种以上的混合情绪，这时父母可以通过言语让孩子了解这是正常的，比如父母可以对孩子说："我知道你对参加少年棒球队选拔有点兴奋，也有点害怕。"

5. 与孩子商讨解决之道

父母要让孩子了解自己的情绪不是问题，偏差行为才是问题，这是帮助孩子成长和进步的关键。当孩子因情绪问题而出现偏差行为时，父母可以与孩子一起讨论问题的解决之道，帮助孩子顺利解决问题。举例而言，父母可以说："你很生气小杰拿了你的东西，如果是我也会生气，但你打他是不对的。让我们想想有没有其他解决的方法。"

就目前关于对情商教育的现状来看，情商教育得到了许多家长的关注，但关键点还是要急于解决教育应从何处下手的问题。应该说，以上所介绍的教育步骤，是一种卓有成效的实践，是可借鉴的好方法。

引导孩子多一些淡定的情怀

浮躁是当今社会孩子身上存在的一种很普遍的不健康的病态心理，对孩子的身心发展和生活、学习等都极其不利，父母必须及时给予纠正，让孩子多一些淡定，少一些浮躁。

张扬是三年级的学生，在班里的学习成绩一直排在头几名。可是在最近一个时期，学习成绩突然下滑，做事也显得很浮躁。妈妈一批评他，他就发脾气，根本听不进去。其实，这与孩子在学校的近况有关。

原来张扬一直都是班里的班长，可是他脾气不好，同学们也不爱和他交往，威信不高。这几天班主任说要进行班干部换届选举，让同学们自己投票，得票最多的当选。想想自己的人缘不好，这次选举肯定没戏了，但他也有个小面子，这让他心烦气躁，人也变得浮躁了。妈妈看在眼里，急在心上，却不知道该如何帮助孩子摆脱困境。

浮躁是现代社会中人们普遍存在的一种病态心理，在孩子中很是普遍。浮躁指孩子做事时情绪轻浮、轻率、焦躁不安，做事往往缺乏恒心，做着一件事时总是不能安心地把一件事做好，心里不安分，总想不通过努力就获得成功，急功近利，整天也不知道自己应该做些什么。有浮躁情绪的孩子一般脾气很大。

浮躁对孩子的影响很大。浮躁的孩子一般情绪不稳定，对事情缺乏信心，应变能力较差，喜欢和别人攀比，一旦觉得自己比不上别人就显示出无比的焦急。这种浮躁的心情有时候会转化为盲目的行动，不考虑事情的后果，甚至会让孩子走向犯罪的道路。

孩子存在浮躁情绪的原因很多：现在的社会竞争很激烈，对于孩子也是一样，他们害怕自己跟不上社会的节奏，怕被社会所淘汰；父母本身就浮躁，把这种不良情绪传达给了孩子；孩子的意志力很差，对事情缺乏恒心；孩子对自己的能力认识不够，看低自己或是高估自己；周围比自己优秀的孩子太多，自己想出人头地却看不到希望；心理适应能力较差等。浮躁的孩子比正常的孩子更难以成功，而失败又会加剧孩子的浮躁，对孩子的生活、学习都有极大的危害。

父母要帮助孩子意识到浮躁是一种心理上的疾病，对身心发育有着很大的危害。找到孩子浮躁的深层原因，然后培养孩子尊重现实的态度和做事务实的作风，让孩子多一些平和和淡定的心态。

浮躁会影响孩子的正常生活和学习，父母要静下心来认真分析孩子浮躁的原因，采取积极的措施来纠正孩子的浮躁情绪。建议父母从以下几方面入手：

1. 帮助孩子查找产生浮躁的原因

父母要注意和孩子的沟通，发现孩子有浮躁的倾向时就要耐心地和孩子一起分析浮躁的原因。

引起孩子浮躁情绪原因不外是内部和外部两个原因。不管是来自内部的还是外部的，父母都要尽量多和孩子沟通，给孩子充分的尊重和理解，倾听孩子内心的话，然后用关爱为孩子解答疑惑，疏导孩子的浮躁心理，如果孩子是因为家庭环境产生浮躁情绪，就要积极营建良好的家庭环境；如果孩子是因为自身压力过大，父母就要帮助孩子正确调整对自己的期望，平心静气地迎接每次挑战。

2. 父母要带头摆脱浮躁的困扰

现在很多父母无法适应节奏如此之快的生活，所以经常患得患失，心神不安。他们急于在社会中出人头地或是想改变现在的生活状态，表现出急功近利、浮躁的情绪，这对于整天和父母生活在一起的孩子有很大的影响。

今年9岁的丽丽是个懂事的孩子，可爸爸妈妈的工作压力很大，经常在家里抱怨工作上不开心的事情，有时候还会乱发脾气。一天，妈妈回家就开始说工作上的事情：自己辛辛苦苦在这个职位上干了十多年了，本以为这次提升会轮到自己的，可是名额竟然被一个刚来半年的小伙子给抢走了。对此，爸爸非但没有劝解妈妈，反而也添油加醋，弄得家里的气氛很不好。

丽丽为了让爸爸妈妈降降火，特意为他们泡了茶，却不曾想正在气头上的妈妈并不领情，这让丽丽委屈得不行。情绪也受到了影响。

父母要想让孩子摆脱浮躁，就要为孩子树立良好的榜样，遇事不急躁、心态平和，坦然面对生活、工作中的各种困难，这样的父母才能教育出沉着冷静的孩子。

3. 通过培养孩子的意志力来克服浮躁

父母往往重视对孩子的知识教育却忽视了对孩子意志品质的培养，反而容易使孩子做事急躁冒进，缺乏恒心。意志力强的孩子往往能很好地控制自己的浮躁情绪，意志力薄弱的孩子做事时则怕吃苦受累，一遇到不顺心的事情就会心烦意乱、乱了阵脚。

父母要从身边的小事入手，逐渐培养孩子的意志力，让孩子用意志力来克服自己浮躁的情绪。父母可以让孩子多进行一些安静的活动，比如培养孩子的画画爱好，让孩子在安静画画的过程中使情绪稳定下来，意志力也得到了提高。

4. 增强对孩子的激励教育

孩子对自己的评价不客观，一旦达不到自己预想的目标就会出现浮躁的心理。父母要抓住孩子的心理，善用表扬的教育方式来让孩子摆脱浮躁。

今年 6 岁的刘成是个很冒失的小男孩，他一天到晚总是给爸爸妈妈制造麻烦，大人拿他的急性子没办法。有一次周末妈妈带他去游乐园玩，孩子看着自己最想玩的摩天轮上已经坐满了人便开始着急。妈妈此时灵机一动，夸奖孩子有耐心，在乖乖地等下一轮，说完还摸了孩子的头。孩子第一次在发脾气时听到如此贴心的话，浮躁的情绪顿时化解掉了。妈妈以后经常用这招，而且屡试不爽、孩子浮躁的情绪也有了很大的改善。

父母要留心孩子的情绪变化，当孩子表现出浮躁的情绪时要及时表扬孩子，稳定孩子的情绪，使孩子在心理上产生成就感，这样就能适当地熄灭孩子心中的浮躁之火。

5. 教给孩子学会积极的自我暗示

孩子控制情绪的能力较差，这就需要父母教孩子学会一些积极的自我暗示。比如：在孩子将要发脾气时，可以在心里默念“发脾气不好，要冷静”。也可以让孩子做一些动作转移自己的浮躁情绪。学会积极的自我暗示能够帮助孩子更好地摆脱浮躁的困扰。

父母要帮助孩子树立远大的理想，使孩子明确生活的目的，并且积极地追求崇高理想，对生活和学习有高度责任感，这对防止孩子浮躁心理的滋生和蔓延是十分有必要的。

教孩子学会心理调节

田甜看上去是一个腼腆文静的姑娘，但却经常做出一些让父母丈二和尚摸不着头脑的事情。

有一天，妈妈正在厨房忙着准备晚饭，而田甜则一个人安安静静地在书房里写作业，突然妈妈听见了孩子歇斯底里的哭声。妈妈跑到书房一看，田甜把书本全部扔在了地上，趴在桌子上放声大哭。妈妈被这突如其来的状况下了一跳，不过她迅速理清了自己的头绪，安慰起女儿来。

可是任妈妈怎么安慰田甜，她依旧固执地趴在桌子上哭泣不止。过了好大一会儿她哭累了，就傻傻地坐在椅子上，也不抬头看一眼在一旁守候着的妈妈。妈妈问她："为什么要哭？"她说："刚才看见书本，就想到学校，想到学校就想到考试，心里特别害怕，不知道怎么办好，我很害怕。"说着说着，田甜的眼泪又掉了下来。

生活中，田甜这样的情况并不少见，这种表现其实是学校恐惧症的前兆，这是一种情绪性的心理问题，如果不能得到及时的调节和梳理，很可能导致更加严重的后果。有关研究表明，现在有大约百分之四的孩子都有学校恐惧症的倾向。

孩子最常见的心理问题可以分为以下几类：学习方面的心理问题，交往方面的心理问题，情绪性的心理问题，人格方面的心理问题，行为方面的心理问题以及品行方面的心理问题。

学习方面的心理问题主要有学习障碍、学习疲劳、厌学以及学校适应不良这些问题。孩子在学习方面的心理问题较容易被父母忽略，因为在传统的观点里认为这些表现都是孩子推脱不想上学的借口，而不知道其实孩子在学习方面已经出现了心理障碍。

孩子在交往方面的心理问题主要是与同学的关系紧张，到了中学时期还有孩子与异性交往的问题，这些关系如果处理不好都会影响孩子的正常学习和生活。

孩子在情绪方面的心理问题主要有恐惧症、抑郁症和焦虑症。恐惧症是一种对特定事物或者环境产生的持续的不必要的恐惧和回避行为。孩子长时间异常的沮丧就可能导致抑郁。焦虑是指孩子持续性地紧张不安，总是担心会出现什么不好的事情。

孩子在人格方面的心理问题主要有人格不良倾向和人格障碍。孩子容易偏激、思想狭隘、嫉妒他人、暴躁不安、依赖他人、孤僻、自卑、怯懦以及神经质。人格障碍是指人格不良倾向恶性发展后形成的心理障碍。

孩子在行为方面的心理问题主要有多动症、咬指甲、口吃和儿童抽动症。孩子在婴儿时期多少都会有这些行为表现，但是随着年龄的增长，有些孩子就会不治自愈，但是有的孩子却依旧保持着这些不好的习惯。行为方面的心理问题父母一定要及时帮助孩子调节过来，否则很可能影响孩子日后的发展。

孩子在品行方面的心理问题主要表现为具有攻击性、喜欢说谎、经常偷窃等。如果孩子的这些表现不能得到父母的及时指引和帮助，很有可能使它们成为孩子一生的负累。

父母应该从以下几个方面着手，指导孩子学会调节自己的心理：

1. 培养孩子良好的心态

良好的心态是指孩子能够用积极、乐观的态度来看待问题，因此总是能够看到希望和信心。良好的心态可以帮助孩子调节好自己的不良心理，从而把精力转移到解决问题上来。

平时在生活中，父母应该保持一个良好的心态，积极、乐观地看待问题，遇到困难和挫折时不要消极悲观，这样才能给孩子树立良好的榜样。同时，当孩子遇到困难或者挫折时，指导孩子看到它们积极的一面，培养他们良好的心态。

2. 让孩子学会管理自己的情绪

学会管理自己的情绪是对孩子心理健康的一个基本要求，孩子在情绪方面表现出来的恐惧、抑郁、焦虑一旦得不到及时的管理和疏导，很可能发展成严重的心理疾病。

果果是个四年级的女孩，生来惧怕小动物。妈妈下定决心要孩子克服对小动物的恐惧心理。有一天，她带着女儿一起去小区的草地里寻找小虫子。当果果看到小虫子时吓得尖叫了起来，妈妈却拉着她，对她说："你看，这个小虫子多么可爱啊，它不会伤害你的！"说完妈妈还用小木棍把小虫子挑到了一张准备好的白纸上，一边让它爬行，一边看。果果在妈妈的讲解下，情绪慢慢地平复了下来。过了一会儿，她居然也能专心致志地观赏小虫子了。

父母应该及时觉察孩子的异常情绪，帮助孩子克服这些情绪，让他们做自己情绪的主人。例如孩子对虫子感到恐惧，父母应该带着他们去参观，并有意识地夸奖虫子多么可爱等，孩子在这些语言的暗示下就会学会控制自己的情绪。

3. 教会孩子善于用合适的方式宣泄负面情绪

气愤、失望等负面情绪长期积蓄在心里得不到宣泄，不仅不利于孩子调节自己的心理，更会影响孩子的身体健康。因此，父母应该及时觉察孩子的情绪变化，用温和的语言或者温柔的动作引导他们说出自己的烦恼，指导他们采用合理的方式宣泄自己的负面情绪，例如气愤时可以找个安静的地方自言自语地发泄一下或者向父母倾诉等。

4. 让孩子学会勇敢地面对压力

过大的心理压力是孩子在行为上出现不适的重要原因。现在的孩子面临着很大的升学考试、学习以及人际关系等压力，因此，让他们学会正确地处理这些压力可以帮助他们保持心理的健康和平静。

刘敏是个四年级的女孩，并且是学校的三好学生。有一次，老师通知她代表学校去参加区里竞赛，突如其来的压力使她吃不好、睡不好。妈妈知道后便对她说："参加竞赛得奖并不是最重要的，重要的是让它激励你更好地学习和思考。"刘敏听了之后如释重负，于是她总是用妈妈的话来提醒自己专注于学习，而不是竞赛的结果。在那次竞赛中，她以绝对的优势为学校赢回了荣誉，也赢得了自己的成功。

事实上，一定的心理压力有助于学习，但是心理压力过大则不利于学习。父母在平时的生活中应该鼓励孩子勇敢地面对压力，专注于学习本身，不要太在意功名荣誉，努力调节好自己的心理状态。

5. 注重孩子的情商培养

情商教育已经越来越受到现代家庭的关注，因为它对孩子一生的发展都具有举足轻重的作用。高情商的孩子知道如何处理与他人的关系，总是能够保持冷静、理性的处世态度，因此也总能调节好自己的心理和情绪。

父母应该指导孩子学会管理自己的情绪，学会控制自己的行为，提醒孩子反省自己做过的不当行为等。父母应该鼓励孩子多与他人交往，培养他们良好的人际交往能力，让他们在与人交往的过程中形成为人处世之道。

让孩子必须学会能控制自己的行为

生活中，对于孩子的肆意而为不能控制自己的表现，很多父母指出是因为孩子年龄太小造成的。而专家也指出，缺乏自控能力是少年儿童常见的现象，诸如思想不集中；做事虎头蛇尾，不能始终如一；想到了，但做不到；所谓"只有五分钟热度"，凡此等等。出现这种现象的原因，除了孩子自身的生理特点外，也是孩子尚不成熟的表现。

有关自控能力是人的一种自觉的能动力量，主要是指在改造客观世界中控制主体自身的一种特殊的能动性。自控能力不能理解为消极的自我约束，它是一种内在的心理功能，使人自觉地进行自我调控，积极地支配自己，能够很好地排除干扰，使主观恰当地协调于客观，并采取合理的行为方式去追求良好的行为效果。缺乏自我控制力的孩子往往会在挫折来临时不能化挫折为力量，而是被挫折吓倒了！

孩子的自我控制能力比较弱，在日常生活中主要体现在以下两个方面：

一、任性而行，不知控制自己的行为。

二、虽然主观上想控制自己的行为，甚至下过多次决心，但在行动上仍不能控制自己的行为。

对于孩子的这些现象，父母应懂得采取相应的方法来让孩子学会控制自己的行为，比较有效的做法是：

1. 以生活中的实例对孩子进行教育

有个心理学实验，给孩子看有关“自控力”的录像，比如等妈妈来了再吃饼干、公共场所不乱跑、参观画展时不乱摸等，结果这部分孩子比没看录像的幼儿自控力强。可见，自控需要榜样。

2. 给孩子定下规则，并要求他努力去实践

自控力是一种毫不含糊的坚定和顽强的毅力。许多孩子知道迷恋游戏不好，但屡戒屡犯。有的女孩子一度痴迷言情小说，不仅成绩滑坡，还精神不振。但有的孩子意识到问题的严重性后，说不看就不看，克制力非常强。

孩子的这种强大的自制力并不是天生的，而是得益于父母从小对他进行的意志力培养。一般来说，父母会在孩子成功之后给予赞美和鼓励，对孩子活动过程中的自制和努力也不会视而不见。

有个孩子自制力很差，做事丢三落四，学习用品乱扔乱放，看电视没完没了，作业马马虎虎，弄得学习和生活都一团糟。父亲决定通过规

则和纪律，来帮助儿子拥有自制力。他先找儿子谈心："作息没规律，损害身体，进而影响学习，甚至弄得心情很差。可见，不按时睡觉、起床的小毛病也会造成严重的后果。"

孩子说："我也想改正缺点，可就是控制不住自己。"

父亲说："那就让规则来帮助你。"

于是，经过一番讨论之后，父亲和孩子签下暑期规则：每天只吃一次冷饮；看半小时动画片；做完一门功课，收拾好课本再做另一门功课；晚上 9 点 30 分上床，背两个单词后熄灯；平时打篮球 1 小时，自己洗运动服。规则不多，只有 5 条，但要坚决执行，不马虎、不迁就，更不允许任性骄横，为所欲为。两个月时间，孩子进步神速。

可见，给孩子订立规则，要求他持之以恒地执行规则，对于自控力的培养十分有益。

3. 利用奖罚制度帮助孩子控制自己的行为

比如：在带孩子去超市之前，就要事先和他讲好条件，不许胡乱要东西，否则就没有下次。如果孩子表现好，可以给予适当奖励。

4. 通过有针对性的训练来帮助孩子控制自己的行为

有这样一个例子：

7 岁的女儿刚上学，还不适应小学生活，加上性格外向、急躁，更加难以控制自己。有的时候上课插嘴、坐不住，甚至抢同桌的文具。对 7 岁的孩子，说教很难起作用。

后来，孩子的妈妈发现在家庭的游戏和活动中培养女儿的自制力效果极佳。比如让她当"老师"，她就很有耐心和礼貌。学校组织安全教育活动，让孩子当"交通警"，她竟能站 15 分钟"指挥交通"；和同伴玩过家家，女儿当"妈妈"，她立刻变得柔声细语起来。

活动和游戏能让孩子的自制行为日益积累，内化成为习惯。因此，父母应鼓励孩子参与活动和游戏，孩子便能在自然生动的条件下发展自制力。

5. 通过自己的行动给孩子做出榜样

有些孩子对于什么是自控力并不十分清楚，父母要让孩子知道“为什么要这样做，不要那样做”，这时有必要给孩子做出榜样，比如，对家里养的宠物小狗总是叼鞋子的行为，爸爸不是去大声吆喝，而是把鞋子放在了鞋柜里的做法，就是一种控制力，凡事坚持这样做，孩子就会掌握一套评价自己行为的规则，达到真正的自控。

让孩子的情商不断地得到丰富

高情商的人做自己情绪的主人，他们永远不会让自己本能的冲动破坏眼前的情况。因为他们能用理智的头脑冷静地对形势进行客观分析，做出最有利于自己的决断。

已经10岁的小男孩马超是个很聪明的孩子，学习成绩很好。但和多数的独生子女一样任性、喜欢抱怨，还特别敏感。

有一次上体育课，老师让全班同学跑步。因为刚下过雨，跑道上有一些积水，许多同学的裤子上都溅上了水。其他同学都互相打趣了一番就不再提了，可是他却没完没了地盯着自己裤子上的水渍，并且不断地向旁边的同学抱怨。他的抱怨声被体育老师听见了，老师决定惩罚他，于是让他继续再跑两圈。

跑完两圈后马超的怨气更大了，他竟然趴在跑道上哭了起来，任凭同学和老师怎么劝他都不听。同学们纷纷散去，他哭了一会儿也回到了教室。回到家后他依旧闷闷不乐。妈妈问起来他就把事情的原委说了一遍，不停地抱怨自己如何如何倒霉。

现在的父母都十分关注孩子的成长，甚至大多数的父母都有过做胎教的经历，以求提高孩子的智商。当孩子呱呱落地之后，更是费尽苦心地为孩子的智力发展创造一切有利的条件和机会。而事实上，所有孩子只要正常地成长，他们的智商都是远远超出所需的，而情商则不同，高情商的人极其少见。

在普遍拥有足够智商的世界里，高情商的人往往能取得成功。因为高情商的人往往拥有更好的人脉，比别人更少受到情绪和环境的影响，也更容易适应环境，更能把握住成功的机遇。情商高的人不做自己情绪的奴隶，而是做自己情绪的主人，因此他们总能保持冷静的心态，淡看得失。

情商高的孩子不仅不做自己情绪的奴隶，而且能够运用一定的方法使他人的情绪迅速平复下来，并顺利地引导他人关注问题的本身，因此往往能稳固地掌控全局。一个人能否成功绝大部分取决于情商的高低。

生理的成熟可以顺其自然地发展，而心智的成熟却需要经历生活的磨炼，更需要父母有意识的指导和示范。孩子低情商的典型表现有：遇事喜欢抱怨、爱听奉承话、任性等。

影响情商的因素有很多，身体状况可能是一个先决条件。一般来说，那些身患疾病的人容易情绪不稳定。知识和个人教养也是影响情商的一个很重要的因素，一个人知识越丰富，教养越好越不容易暴跳如雷。情商与遗传也有很大的关系，这一点在家庭的相似性上表现明显。

情商与个人的生活阅历有很密切关系，一般年轻人容易情绪不稳定。而随着年龄的增长、见识的增多，他们越来越会控制自己的情绪。同样是年轻人，生于忧患与生于安乐的年轻人也具有不同的情商水平。总而言之，对情商影响最大的还是家庭，父母不仅把基因遗传给了孩子，而且通过与他们朝夕相处影响着孩子情商的形成和发展。

提高孩子的情商是一项复杂而又艰巨的任务，父母作为孩子的第一任老师，不仅要重视孩子智力和身体的发展，更要努力培养孩子的高情商。

父母要指导孩子正确认识情绪

人都是有情绪的，欢乐的时候想开怀大笑，悲伤的时候想大声哭泣，愤怒的时候想大发雷霆。情绪是人的正常反应，但是情绪也会影响人的正常生活，无论是高兴或者悲伤都会影响人的理智。因此，父母应该指导孩子先处理情绪，再处理事情。

丽丽是个初一的女孩，各方面的素质也都很优越，还担任他们班的班长职务。丽丽的同学都很佩服她无论何时都泰然自若的神情，不管在什么样的情况下，她都不受情绪的困扰。丽丽说："我担任班长时也遇到过许多麻烦，但是我的原则是不在情绪不稳定的情况下处理问题，无论是高兴还是气愤。"

父母应该告诉孩子每个人都会有情绪，情绪是生活的调味剂，但是处理问题时不能运用情绪来处理，而是要靠理智。父母应该指导孩子理智、客观地处理问题，不要受个人情绪的干扰。

在生气的状态下做出的决定很少是正确的，更不可能是完美的。气愤是一种激烈的情绪反应，它会干扰人的理智，使人做出错误的决定，而且这时候做出的决定还很可能会破坏与他人的关系，甚至危害社会。

父母可以教给孩子一些克制愤怒的方法，例如与同学发生争执时不再发言；遇到令人非常生气的事情时先在心里数数拖延时间，如果依然很生气，那么就告诉孩子去散步或者慢跑，慢慢地平复自己的情绪。

生活中，抱怨也是经常出现在孩子身上的消极情绪。

抱怨不会使事情发生任何良好的变化，只会让自己的心情变得更加糟糕。抱怨是一种坏习惯，一旦形成很难改变。父母不能允许孩子有这一种行为，而要努力培养他们积极面对现实的心态。

杨静看上去是一个非常文静的小姑娘，而实际上，脾气很火暴，稍遇不顺心的她就抱怨、发牢骚。妈妈决定改掉她这个毛病。于是她与女儿约定：如果杨静一个星期不抱怨，不发脾气，那么周末就带她去看电影。在妈妈的鼓励和引导下，杨静慢慢地改掉了抱怨的毛病。

现在她对自己遇到的任何事情都保持理智、平静的态度，让妈妈非常欣慰。

当孩子遇到困难或者不开心的事情时，父母应该鼓励孩子认真地面对现实，积极地想想解决的办法，而不是蹲在角落里抱怨。对于孩子的抱怨行为，父母应该积极引导，并设置相应的奖励和惩罚措施来弱化孩子抱怨的行为。

孩子不懂得控制自己的情绪、遇到事情只知道抱怨他人，这是情商不足的重要表现，父母应该正确地引导孩子纠正这些行为，提高他们的情商，培养能够真正适应社会的、具有高情商的孩子。

十 教导孩子热爱生活，善于融入

——热爱生活才能去创造和享受生活

在孩子所具备的全部非智力因素中，最重要的一点就是热爱生活，热爱生活是所有人之所以在生活中有热情、有信心、有兴致、有期望、有目标的最大的动力，热爱生活也会让孩子更加地亲近社会。而热爱生活的最集中体现就是去创造生活，去与社会融入，去与人和谐相处。

培养孩子的“亲社会行为”

在孩子的素质教育方面，应该说西方国家远远地走在了我们的前面。西方的教育人士强调培养孩子从小就具有“亲社会行为”，这已包含了很深的情商教育内容。

“亲社会行为”是心理学中的一个术语，是指人们在共同的社会生活中表现出来的谦让、互助、协作和共享的有益行为。通俗地说，就是利他行为和助人行为，它并不企图得到任何的报酬或奖赏，目的只是在于为他人或大多数人谋利益，是一种高度社会化了的行为。我们的社会要发展和进步，就需要这些高度社会化了的人们来推动，成功的社会化可以使我们个人与我们所属的群体之间协调一致，遵守社会规范，维持社会秩序，恪守道德标准，承担公民义务，发挥社会积极性。反之，缺少“亲社会行为”的人难以自觉地形成高尚的道德观念，甚至会一味追求个人利益而违背道德、违反法律，出现反社会行为。

随着独生子女的增多，家长们对孩子都是百般呵护，生怕孩子吃亏，更别提去教育他们关心、帮助别人了，从而让孩子变得自私，无法面对以后的人际交往。这样的教育肯定是失败的。因此培养孩子从小就具有“亲社会行为”，对于孩子的一生是有很大帮助的。

孩子的“亲社会行为”不是一生下来就有的，纯是一种在教育和亲历中培养而来的，因为孩子在幼儿时期，还没有形成利他的观念，他们看到什么东西都认为是自己的。比如当邻居家的小孩来家里玩时，他们会随手拿东西玩，如果你要从他手里把东西拿掉，他肯定不会依的，因为他已经把这视为自己的东西了。由此可见，孩子小的时候确实没有“亲社会行为”，只有在后天才能加以培养。

儿童的个体社会化发展贯穿于孩子成长的整个过程，而“亲社会行为”则是一种极其良好的品质，也是孩子成长的一个重要指标。那如何来培养孩子的这一品质呢？下面我们提供一些可借鉴的方法：

1. 对孩子进行移情训练

所谓的“移情”，是指我们对另一个人在某一种特殊情景中的情绪体验的理解和分享。通俗地说，就是设身处地为他人着想，理解他人的感情并产生共鸣。移情训练，就是要培养孩子善于体察别人的情绪，理解别人的情感，从而与之达到共鸣，这其实也是一种培养孩子爱心的训练。

在日常生活中，或者跟孩子做游戏时，或与别人的交往中，有意识地让孩子设身处地、将心比心地体会别人的情感，这样才可以引导孩子用自己的实际行动来关心别人，发展自己的“亲社会行为”。

2. 行为练习法

孩子有了移情之后，是否能够产生真正的行动还不一定。心理学家的研究表明，孩子移情能力提高后，他们的利他行为，如把自己的食物分给别的小朋友的谦让行为却没有完全养成。这就提醒父母们，从有同情心到有社会行为，也就是从理解别人的困难、同情他人的处境，到帮助别人解脱困难之间，还存在着一个飞跃，有一个转化过程。或许你的孩子在游戏中，愿意把自己的玩具分给其他小朋友，但一旦回到真实情境中，别的小朋友要他的玩具玩时，他却不愿给。所以，要真正培养孩子的“亲社会行为”，还必须在现实生活加强对孩子行为的训练。

3. 精神奖励法

在培养孩子的“亲社会行为”过程中，有一点要注意，就是不能用物质奖励来强化孩子的结果。为什么要强调这一点呢？这与“亲社会行为”的定义有关，因为“亲社会行为”是一种利他行为，必定是以厚人薄己的结果而告终。如果我们在孩子的“亲社会行为”后面，紧跟着进行物质奖励，很容易使孩子“亲社会行为”的动机变得不纯正，其结果也不稳固。一旦没有奖励，他们的“亲社会行为”也许马上就会消失。但是，要孩子从只想到自己，到完全为了别人，转变这么大，没有外力的推动也是难以做到的。因此家长们可以用精神奖励法来巩固孩子的“亲社会行为”，给孩子一些口头表扬，在幼儿园里则可以奖励孩子一朵大红花，或者在光荣榜上给孩子贴一颗红星。

孩子是我们的希望、社会的未来，为了让我们的社会充满爱心，人与人之间互帮互助，不再发生令人齿寒的事情，相信我们每一位做父母的都不会让孩子成为一个木然于“亲社会行为”的人。

让自己看起来是个懂事理的孩子

不论是自己出现在众人面前，还是由爸爸妈妈带着自己出现在公共场所或叔叔、阿姨的家里，自己都表现的像个“绅士”“淑女”，这不但是未来社交的需要，也是生存的需要。从小培养孩子良好的“风度”，会让自己一生受用无穷。因此，在一些注重社交能力培养的西方国家，幼儿礼仪训练一直是个重要的课程。

当然，我们的孩子也不能不具备这样的素质，所以，让孩子从小懂得以下的礼仪是必不可少的：

1. 在必要的时候学会说必要的礼貌用语

礼仪总要从礼貌用语开始，所以不论吃点心或玩玩具，只要孩子与别人接触，就应利用机会尽可能教他们多用“请”和“谢谢”。如：“请给我汤匙。”孩子拿到后，如果忘了说“谢谢”，应提醒他：“别人帮助了你，该怎么说？应说‘谢谢’。”然后要孩子跟着重复，让这些礼貌用语成为孩子们日常词汇的重要部分。

2. 遵守规则意识

两岁的牛牛一人抱着两个小球玩，同岁的妞妞小手指着球，用眼神向牛牛的妈妈求援："我也想要。"牛牛妈妈便对牛牛说："牛牛让给妞妞一个好吗？"妈妈特意使用"让"这个词，目的就是让牛牛明白它的含义："我有，别人也应该有。"

社交中另一个重要概念是"轮流"。对于两三岁的幼儿，"轮流"的概念需要反复练习才能逐步渗透到其意识中。如孩子玩旋转木马，因为人多不能一起上，只好轮流玩。有的孩子玩了一次还不想离座，家长应该强调道："你已经玩了一次，应该轮到其他小朋友了。"而如果别的孩子正在玩着，但有的孩子等不及，想立刻坐上去，家长就应该耐心地引导孩子明白等候的规则："别的小朋友正在玩，你要玩，就站在旁边等。等木马停了，才轮到你。"

因此，从小让孩子懂得规则意识有利于其长大后更适应社会。

3. 尊重他人的意识

"不影响他人"已经成为了社交界的"国际公约"，也是当今素质教育的一个重要体现。当孩子有"影响他人"的情况发生时，家长要告诉孩子："别人正在工作，请轻轻的。"或者"我们在谈话，请等一等，好吗?"

一次，石头的妈妈正和邻居王阿姨说话，4岁的石头走了过来："妈妈，我的鞋带松了。"妈妈并没有马上帮他，而是说："妈妈正在谈话。谈完了，我会帮你。"过后，妈妈告诉他，打断别人的谈话是不礼貌的。当然，紧急情况下是可以打断的。这样，石头就记住了。

4. 学会说"对不起"

这是3~5岁孩子礼仪学习的一个重点。

小倩精心砌起来的积木大楼被莽撞的明明碰倒了。"我不是故意的。"明明辩解道。但明明的妈妈坚持要他向小倩说"对不起"。妈妈提醒他："上次，敏敏不小心把你的积木撞倒了，她也不是故意的，但你很难受，记得吗？她说'对不起'后，你感觉就好多了，是不是?"

明明妈妈采用“换位思考”的办法，让孩子体会他人的心情，站在对方的角度上思考，这是对孩子最理性的一种教育。

总之，文明社会，需要礼仪。在这个注重沟通的现代社会，培养孩子的礼仪习惯是至关重要的。良好的礼仪习惯是孩子一生受用无穷的。

用责任心赢得周围人的信任

初到一个陌生的地方或初次与人合作，要怎样做，才能迅速赢得别人的信任和认可呢？恐怕这除了你要遵守新环境的规则外，你用行动来体现你的责任心是最有效的方法。

亮亮在家里就是小王子，六个大人围着他转，因此，什么都不需要他做，他什么也都不会做。

现在上小学了，可他还是什么都不会做，连削铅笔、整理书包这样的事儿，都还由妈妈来替做。学校、班级里的事情，他更是从来都不关心、不插手，老师、同学一问他的看法、想法、做法，他的回答就是“随便，反正我也不知道”，总是一副满不在乎、不负责任的态度，也因此被大家称为“不知道”。

由于亮亮太没有责任心，同学们都不喜欢和他在一起，因为大家从他那里感觉不到安全感。渐渐地，亮亮和大家越来越疏远了，他自己也感到孤单、无助。面对儿子的处境，妈妈也很为难，该怎样帮儿子呢？

人不能没有责任心。没有责任心的人，不但在事业上不可能有建树，就是在一般的人际交往中也会遭人冷落。所谓责任心，就是对自己所负使命的忠诚和信守。责任心并不复杂，就是你知道自己该干什么，同时也知道自己不该干什么。当你在不知道自己该干什么时，至少要做到知道自己不该干什么，这是责任的底线。

责任是一个神圣的承诺，在它身上承载着一个不渝的使命，它能让人战胜胆怯，无数在战场上冒着枪林弹雨前进的战士都说明了这一点。他们只是因为信守了“军人以服从为天职”的承诺，就变得如此勇敢。没有责任心的军人不是合格的军人，没有责任心的人是不受尊重的人。

有一个负责给布朗太太割草的男孩有意给她打电话说：“您需不需要一个割草的人?”布朗太太回答说：“不需要了，我已有了割草工。”男孩又说：“我会帮您拔掉草丛中的杂草。”布朗太太回答：“我的割草工已经做了。”男孩进一步说：“我会帮您把草与走道的四周割得很整齐。”布朗太太说：“我请的那人也已做了，谢谢你，我不需要新的割草工人。”男孩挂了电话。男孩的室友问他说：“你现在不是就在布朗太太那儿做割草工吗？为什么还要打这个电话?”男孩说：“我是想知道我究竟做得好不好!”

小男孩所做的就是一种负责任的表现。

当一个人具有了某些能力时，就要对相应的事情负责。但是，儿童做事往往更多地重视行为过程本身，而不太重视行为的结果。因此，要培养孩子的责任心，必须让他们养成对自己的行为结果负责的习惯。

首先，要约定责任内容，让孩子明白该做什么，怎样做，否则将会受到哪些惩罚。孩子做事往往是凭兴趣的，要让孩子对某件事负责到底，必须清楚告诉他做事的要求，并且与处罚联系在一起。如把洗青菜的家务活指定给孩子来做，可他并不用心，有些菜并没有洗净，还需要别人来再次清洗。那么，就可以告诉他，这些菜你没有资格吃。这样，孩子才知道一个人是要对自己的行为负责的。

其次，让孩子知道有责任心是光荣的。

有个10岁的小女孩，她负责扔家中的垃圾已经5年了。在她5岁的时候看妈妈向外拎垃圾，就帮妈妈拎。父母为了支持她参加家务劳动的兴趣，对她倒垃圾的事予以表扬，夸她能干，还经常在外人面前称赞她。这样就激发了孩子主动倒垃圾的自豪感，慢慢地形成了习惯，把这项劳动看成一种责任。

再者，让孩子学会对自己的事情负责。一般地说，在家里孩子洗完澡后要把换下的脏衣服放进洗衣机，8 岁的小刚经常忘记，妈妈让他用本子记下洗澡后该做什么事，提醒自己不要忘记。从此以后，小刚再也没有忘记把脏衣服放进洗衣机，他为自己的进步感到自豪。可见，当要孩子记住做某事时，与其大人经常提醒，还不如让孩子自己记下要做的事情，这样孩子也慢慢地学会了对自己的行为负责。孩子只有学会了对自己的事情负责，才能逐步地发展为对家庭、对他人、对集体、对社会负责。

最后，让孩子对自己某些行为造成的不良后果设法补救。如小孩损坏了别人的玩具，一定要让孩子买了还给人家；也许对方会认为损坏的玩具没多少钱，或认为小孩子损坏玩具是常有的事，或者不好意思收下孩子的赔偿，但家长应坚持让孩子给予对方补偿，这样可以让孩子知道，谁造成不良后果，就该由谁负责。当然，父母在家中要为孩子树立好的榜样，“言必行，行必果”，这样才能有威信要求孩子负责任，才能让孩子有模仿对象。

总之，责任心并不是与生俱来的，它需要在长年累月的生活中逐渐培养。无论在何时、何地，家长都要学会在点点滴滴的小事中培养孩子的责任心，让孩子充当一些有意义的角色，使他们感到自己的行为对集体所产生的重要性，增强孩子的主人翁感。

勇于承担责任，别人就会为你的态度所打动，对你产生信任。由信任就会产生依靠，你在生活中就会一呼百应，无往不胜。信用越好，人缘就越好，机会就越多，成功的概率就越大。

多增强孩子的适应能力，少为孩子担心

孩子小的时候，在家受到父母的保护和宠爱，甚至除了吃、喝、拉、撒，什么都不需要自己动手，但当孩子离开家，接触社会时就不同了，而且，这是迟早的事，为了让自己的孩子长大后能很好地融入社会，做父母的应从小加强对孩子的“亲社会”的训练。

小男孩明明快4岁了，性格倔强，不喜欢做的事情父母也不会勉强他去做，暑假绘画班报名时，事先征求过他的意见，他表示很喜欢画画愿意去学。可是当妈妈带他去教室时，他死活不肯进门，哭着喊着要回家。妈妈按捺住怒火，问他为什么？他也不说。

其实妈妈知道他是个内向、适应能力很差的孩子，父母问他是不是害怕？他点点头。于是妈妈说，妈妈陪你一起进去，这样好吗？但是妈妈好话说了一箩筐，他就是不进去。妈妈真是又气又恨，这孩子怎么这么难以适应环境？2岁半开始上幼儿园，也是适应了半年才习惯幼儿园的生活。但这件事让妈妈重新考虑了：是不是我应该强迫让他学会适应环境呢？这是个很现实的问题。

孩子适应环境的能力不是强迫来的。上述案例中，妈妈有意识地去培养孩子的这种能力，这是很好的。妈妈也很了解孩子的性格，他很内向，到了新的环境产生了不安全感，所以很难马上适应。但她对孩子的教育方式要改一下，首先不要总是强制孩子去做一些他不想做的事，否则孩子会产生紧张、焦虑的情绪，就更难去适应新的环境了。其次，要多带孩子走出家门，多参加一些集体活动，见多识广的孩子遇事才不会胆怯。当孩子表现好时，要及时给予表扬，增强孩子的自信心。

孩子从进幼儿园起，就要学会适应大家庭的环境，从小家庭走到大家庭，要学会和更多的小朋友一起玩，有很多孩子不愿进幼儿园，为什么？就因为他们适应不了那里的环境，也有些孩子很快就能融入幼儿园的集体气氛中，证明他们很容易就能适应那个地方。

幼儿园毕业，要上小学了，这又是一个重新适应新环境的开始，小学生活跟幼儿园生活是完全两样的，要开始学习课本的新知识，有的小学生能跟上老师的进度，有的却不能。语文开始学写作文时，从简单的口头表达到复杂的文字表达，这又需要孩子去好好适应新的思维方式。为什么有的孩子能写出好的文章，而有的孩子却半天也写不出一个字来呢？还是他没适应新环境带来的新变化！

进入初中，孩子还得学会适应初中学习的紧张气氛，到了高中，更得适应高中学习的紧张忙碌的生活。

进入大学，它的轻松自主氛围跟中学又完全不一样了，孩子还是要学会去适应。走向社会了，还得学会适应社会，适应老板，适应工作，适应改变……

孩子的适应能力是相当重要的，那么怎么培养孩子的适应能力呢？可以从以下几方面进行。

第一，让孩子学会自己的事情自己处理，家长可以适当地进行引导，提出参考意见，但是不要代替孩子作出决定。

第二，让孩子有承受挫败的思想准备，可以适当多鼓励、多表扬，但也不能让孩子过于骄傲自满。

第三，让孩子学会观察周围的人和事物，能提出自己的看法和意见，久而久之，孩子对外界的判断能力就会加强了，家长此时要做的就是为孩子提供自己的耳朵，好好倾听一下孩子的话。

第四，孩子要有总结和感悟的能力，对于新环境的融入，会遇到新问题，要善于总结经验，增强感悟能力。

第五，家长要创造条件，让孩子在活动中学会与人交往。因为孩子的生存经验、与人交往的能力都是在活动中形成的。

在学校孩子的生活是群体的，而在家里，我们的独生子女都是孤寂的，这样长期下去孩子就会形成内向、孤僻、固执的性格，作为家长要蹲下来与孩子平等交往，做孩子的真心朋友。家长应该每天利用接孩子回家的时间跟孩子交流，了解孩子在学校有哪些高兴的事情，与老师、同学有没有矛盾，指导孩子解决内心的矛盾，平等地与同学交往，学会关心他人，开心快乐地过好每一天。除此之外，家长还应努力创造条件，营造环境，让孩子们在活动中学会交往。如时常邀请与孩子要好的同学或朋友一起外出，家里开个聚会，举行绘画竞赛、家庭聚餐等活动。让孩子在活动中快乐地学习新知识，开阔眼界，并学会与人交往。这样，孩子就会变得活泼、热情、富于爱心、懂得合作。

关于这一点，有许多真实的例子：

可欣三岁时，妈妈每次带她到儿童乐园去玩，都要求她交一个好朋友，有意识地锻炼她的人际交往能力和协作能力。第一次她胆小，妈妈鼓励她，让她勇敢地和陌生的小朋友说话，发生矛盾时，叫可欣主动谦让。现在看来这种主动谦让的意识，使她在学校里获得了好人缘，老师、同学们都很喜欢她。

可欣小的时候，妈妈让她上全托幼儿园，尽量远离长辈的“溺爱”，学会自己的事自己做。有了三年全托幼儿园的基础，在她上小学住校时，可欣的适应能力明显比别的小朋友强，她在学校情绪稳定，很少哭，虽然想家，但是很有自控能力，短短两三个月就适应了住校的生活，在学校里每天都很快乐。妈妈对她也很放心。她宿舍里的生活用品都收拾得井井有条，而她的一些同学始终不能适应住校的生活，经常哭闹，往家打电话，有时连课都不上，在一定程度上影响了学习。

孩子适应环境能力的培养，伴随着她的一生，不是喊喊口号就能提高的，也不是学一门爱好、参加几次集训就可以掌握的。靠的是一点一滴的积累，包括家庭成员间潜移默化的影响，家长的教育方式，孩子的性格、习惯等。这需要家长下一番功夫，做个有心人，把自己的孩子培养成适应现代社会发展的优秀人才。

培养孩子成为社会人

做父母的都知道，无论眼下多么娇惯子女，但将来他们都会走向社会。所以，有眼光的父母一定要提前做好让孩子走向社会的准备。

21 世纪的今天是一个多元化竞争的时代，单靠一个人的努力已很难完成某一项事业。让孩子走向世界，就是要培养孩子的合作精神与团队意识。对于处在成长中的孩子来说，更要对她们进行这种精神与意识的培养，这样才能使他们长大后更容易融入生活、融入社会，成为广受欢迎的佼佼者。

一个人在社会上如果缺乏与他人合作的精神和合作的能力，那么，他不仅在事业上不会有所建树，就连适应社会都很困难。所以，从孩子懂事时起，父母就要有意识地培养他们与人合作的精神和能力。这样才能使孩子融入社会，走向世界。

那么，要怎样才能使孩子懂得与他人合作呢？首先，父母要常和孩子讲“金无足赤，人无完人”，不能因为别人有这个缺点或那个毛病，就嫌弃别人、疏远别人。同时，要教育孩子多看并善于发现别人的长处，并诚心诚意地加以赞美。父母自己平时在工作和生活中也应坚持这种态度来对待他人，做孩子的表率。其次，父母要教孩子学会分享，一个人凡事都自私自利，斤斤计较，那么他就难以与别人友好相处，更谈不上进行有关的合作活动了。

因此，父母要让孩子表现出一定程度的慷慨大方，体会到分享的快乐。当孩子较小时，父母不妨就对他进行这方面的“分享训练”。当孩子手中拿着洋娃娃时，父母可拿着一本画册，然后温柔地、慢慢地递给他画册，并从其手中取走洋娃娃，这样通过反复训练，孩子便学会了互惠与信任。再次，父母应让孩子多参加团体活动，通过团体内部的协调合作，适应集体生活，懂得人与人之间是一种互动的关系，培养孩子在与人交往的过程中用自己的真诚、善良得到更多的合作和成功。

生活在当今社会，扎实的理论知识固然重要，但丰富的实践能力更能体现一个人的能力。因此，我们在教育孩子时，要注重培养，孩子的社会实践能力，要鼓励他们勇敢地去面对复杂的社会，勇敢面对社会的挑战。

要培养孩子适应社会的能力，首先要鼓励他们在学习之余多层面尝试和挑战自我。比如鼓励孩子担任校学生会干部或者各类文艺演出的节目主持人，可以通过组织同学们开展各类社会实践及交流活动，提高自身的实践能力和待人接物的处世能力，鼓励孩子多交朋友，与同龄人交流学习，从而使孩子拥有健全的人格。当孩子办事得体时，父母应给予适当的赞美、肯定。当孩子有些任性时，父母可以动之以情，晓之以理，让他们学会留有余地地办事。

参与社会实践，懂得与他人合作，是一个人走向社会获得成功的重要条件。要想将孩子培养成才，就应从小培养孩子健全的人格和适应社会的能力，为孩子长大成人，成功地走向社会打下坚实的基础。

掌握处理人际关系的基本原则

交往是发展孩子社会性的一条重要途径。孩子只有在与同伴、成人的友好交往中，才能学会在平等的基础上协调好各种关系，才能正确地认识和评价自己，形成积极的情感，为将来正常地进入社会、更好地适应社会生活打下基础。因此，让孩子学会交往是现代家长义不容辞的责任。

人际关系虽是一种错综复杂的社会现象，但其存在和发展是有规律可遵循的。为了培养孩子良好的人际关系，要让孩子了解和掌握如下几点处理人际关系的基本原则：

1. 从善而交

要告诫孩子，建立和发展人际关系时，不能盲目从事，而要有所选择地进行。不仅要“择其善者而从之，择其不善者而弃之”。在建立和发展人际关系时，首先要考虑自己与交往对象相互需要是否有益于社会、有益于他人，如果是有益的，就采取积极态度；如果是有害的，就要坚决放弃。

2. 有利和谐

要让孩子学会协调平衡各种人际关系，使之不相互冲突与干扰。一个人的精力和时间是有限的，建立人际关系的目的是为了满足需要，不能过多或不足。过多则忙于交往，影响自己的正常生活和学习；不足则会使自己陷于孤独苦闷，导致信息闭塞、孤立无援，使自己减少了发挥能力的机会与范围。所以，要经常协调平衡人们需要与时间、精力之间的关系。

3. 积极主动

要引导孩子，在人际交往行为中要主动，态度要热情。即待之以礼，晓之以理。如在日常生活中，对来拜访的客人和同学，一请坐，二倒茶，三交流，四送出。在态度上主动认真，才有利于加强彼此了解，密切关系。主动的作用还表现在文明礼貌的语言中，表现在热情的交往态度上。热情比任何暴力更容易改变别人的心意，没有热情，人际关系就会变得冷漠，暗淡无光。

4. 真诚相待

真诚是做人的基本要求，也是人际交往的基本原则，要以诚相待。信息反馈原理告诉我们：有良好的信息输出，才能有良好的信息反馈，实现人与人之间的心理交融。真诚是一种传统美德，“精诚所至，金石为开”，“良药苦口利于病，忠言逆耳利于行”，“心诚则灵”，这些都是对真诚及其作用的高度评价。

5. 理解至上

这一原则主要是指关系双方在人际行为中互相设身处地、互相同情和谅解。只有相互理解，才能心心相通，才有同情、关心和友爱。古人说：“人之相识，贵在相知；人之相知，贵在知心”。关系主体双方要互相了解对方的理想、抱负、人格等情况；了解彼此之间的权利、需要、义务和行为方式。要相互体谅、互相包涵，不斤斤计较、吹毛求疵。要善于“心理换位”思考。这样，不管在平常交往，还是在人际双方发生矛盾、产生冲突时，都能妥善处理好。

6. 真诚守信

这就是要求我们在人际关系中讲求信用、遵守诺言。守信是处事立世的根本。

要时刻提醒孩子，在生活中要努力做到“言必信”，说真话，说话算数；要“行必果”，遵守诺言，实践诺言。在交往中，要不轻诺。不轻诺是守信的重要保证。此外，还要严守对方的秘密，不炫耀和披露大家不知的隐私，也不要依据自己的臆想来推测对方如何如何。这样，才能赢得别人的长久信赖。

7. 平等互利

在生活中，要尊重他人的自尊心和感情，不干涉他人的私生活，人格平等。在交往中，情感对等、价值对等、地位对等、交往频率对等。如通信交往，次数基本对等；朋友之间，彼此拜访大体对等。像对待朋友那样平等地对待交往对象，寻求相互认识、相互理解的方法，关心、体谅、理解他人。

8. 彼此相容

相容，即宽容，是指宽宏大量、心胸宽广、不计小过、容人之短、有忍耐性。要告诉孩子，相容不是随波逐流，不讲原则。容人正是为了把原则性与灵活性有机结合起来，以便更好地达到自己的远大目标。为了做到宽容，就要有谦让精神，做到有理也让人；要将心比心，“己所不欲，勿施于人”；要大事清楚，小事糊涂，要严于律己，宽以待人。

拥有一颗宽容的心

一个人如果拥有一颗宽容的心，他就会消化世界带给他的所有怨恨和不平。

人生有缘相处，或亲情相依，或同窗共读，或为伍共事，或者结伴同旅，彼此之间，总会有一些磕磕绊绊、恩恩怨怨。为何不以情为重，化解冲突，做一个宽容的人呢？

林肯在打败所有对手当上美国总统之后，出人意料地沿用了一个能力很强的死对头任部长之职，幕僚和随从们都十分不解。

“他是我们的敌人，应该消灭他！”大家愤怒地建议。

林肯解释说，“把敌人变为朋友，既消灭了一个敌人，又多得了一个朋友。不是最佳的选择吗？”

从这里，我们可以看到，宽容者有着宽广的胸怀和巨大的智慧，这种胸怀和智慧对他们的发展是非常有利的。做父母的，将自己的孩子培养成胸怀广阔的人，是非常重要的。教会孩子学会宽容，不仅是为了孩子今天能处理好同学关系，而且也是为孩子将来的成功和幸福打基础。

那么，怎样才能让孩子拥有一颗宽容的心呢？以下素质是应该加以培养的：

1. 学会“心理换位”

所谓心理换位，就是指在处理问题时，当事者双方懂得站在对方的角度上思考问题，如果真的能够做到这一点的话，就能够理解对方，减少很多不必要的矛盾。

许多孩子只习惯于从自己的角度思考问题，而不习惯于站在别人的角度上思考问题。要消除这种现象，比较好的办法就是教孩子学会“心理换位”。

会下棋的人，可能都有这样的经验，刚学下棋时，往往仅考虑自己第一步怎样、第二步怎样，而不会考虑别人会怎样。只有棋下到一定水平后，才会考虑我怎样，对方会怎样应对，对于对方的应对，自己应当如何一一应对。如此考虑的回合数越多，个人的水平也会越高。处理生活中的问题也是如此，能够“心理换位”，能够站在对方的位置思考，能够设身处地地多为对方设想，生活中的许多矛盾就都容易化解了。

2. 主动理解他人

理解能带来宽恕，宽恕能带来和谐。家长应该让孩子明白，人人都有缺点和不足，只要不是特别过分，就应该理解和宽容。

一个不肯理解别人的人，就是不给自己留余地，因为每一个人都有犯过错而需要别人理解的时候。在孩子与同伴交往的过程中，家长要特别注意引导孩子理解和宽容比自己强的同伴、比自己差的同伴以及自己的竞争对手。帮助孩子学会不嫉妒比自己强的同伴，不嘲弄比自己差的同伴，和不故意为难自己的竞争对手。孩子真正学会了理解，才能真正做到向比自己强的同伴学习，帮助比自己差的同伴，学会与竞争对手合作。也只有通过交往，他们才能体会到宽容的意义，体验到宽容带来的快乐。

要告诫孩子，金无足赤，人无完人，有缺点和不足乃是人性的必然。和同学相交，和朋友相处，完全没有必要求全责备。完全可以求同存异，只要同学和朋友的缺点不是品质方面的，不是反社会的。对于朋友的缺点和不足，对于同学心情不好时所说的话和所做的事，我们没有必要事事计较，事事都摆个公平合理。多原谅一次人，多给人一次宽容和理解，同时也就为自己多找了一份好心境，也会使自己觉得在个性完善的道路上又向前迈进了一步。

当然，宽容不是怕人，不是懦弱，不是盲从，不是人云亦云，这一点是必须向孩子讲清楚的。必须让孩子知道，宽容是明辨是非之后对同学、朋友的退让，而不是对坏人坏事的妥协。对于坏人和得寸进尺的人，是没有必要宽容的。

3. 多与同伴交往

宽容之心是在交往活动中培养起来的。孩子只有与人交往，才会发现每个人都有这样或那样的缺点，都要犯或大或小的错误，而只有学会容忍别人的缺点和错误，才能与人正常交往，友好相处。也只有通过交往，孩子才能体会到宽容的意义，体验宽容带来的快乐。如称赞别人的优点，庆贺同伴的成功，帮助有困难的小朋友，采纳别人的合理建议等，这些都能使孩子得到友谊，分享别人的成功，并使自己也获得进步。

从小养成遵守公共准则的习惯

所谓社会公共准则，是指人们在日常生活中应当遵守的公共行为规范，它是人类在数百年、数千年来的长期社会生活实践中形成和发展起来的，它表现为一个民族以至整个人类相当稳定的传统风尚和行为惯例。因此，它往往为各个时代、各个阶级的人们所共同承认，从属于各个社会或阶级的道德体系。一般说来，这类道德准则对任何作为社会成员的个人都具有约束力。

无疑，社会是由众多成员集合而成的，社会生活必须遵守共同规则。人们活动的动机、目的往往不同，如果各行其道，社会就会混乱不堪，陷入毫无秩序的彼此冲突之中。例如在十字路口车杂人多，由于车辆各行其道，红灯停绿灯行，穿梭有序，有条不紊，道路畅通无阻。相反，如果没有交通规则，或者人们不遵守交通规则，南来北往东行西去，各不相让，汽车、自行车、行人挤成一团，那么谁也别想通过。现代社会，公共生活领域不断扩大，人们相互交往日益频繁，公共准则在维护公众利益、公共秩序，保持社会稳定方面的作用日益突出。

现代社会人的根本立足点就是对公共准则的遵从。孩子时期是人生的起步阶段和道德形成的重要时期，这一阶段的教育对他们一生怎样做人具有决定性的影响。而且随着年龄的增长，孩子逐渐增加独自外出的机会，到公共场所活动就要遵守准则。

不遵守公共准则的行为没有犯罪那么严重，最多是“不良行为”。但是不熟悉、不遵守公共准则，表明不能良好地适应社会生活，会给社会、他人，最重要的是对本人造成不良影响或者危害。

孩子作为社会成员的一部分，应当遵守社会公共生活准则。作为孩子，在正常的家庭教育下一般都已经具备基本的公共标志识别能力和自觉遵守的习惯。如知道红灯停绿灯行，不要随地吐痰，在电影院里也知道不要喧哗。但青少年容易激动，自制能力差，家长要经常培养提醒孩子，使遵守社会公共生活准则成为他的本能反应，并培养孩子对一些较复杂的公共标志的识别能力，引导孩子遵守基本的公共生活规则。如对人尊重、平等，对他人的困难、疾苦和不幸遭遇富有侧隐和同情之心，热情、乐于助人、有人道主义精神，并养成这样一个良好的习惯。

在社会生活中要讲秩序、讲礼貌、讲卫生、遵守社会公德、扶正祛邪、爱护公物、保护环境等。在家庭生活中也应该遵循相关行为准则，处理好长幼、邻里之间的关系。人与自然应和谐相处，要保护动植物，不乱吃野生动物等。纠正小错，例如排队。在所有的公共场所，只要有两个以上的人就要自觉地排成一队，人与人之间保持足够的距离，不加塞，遵守先来后到的原则。和孩子一起外出时，注意告诫他在银行要遵守“一米线”，不要挤到柜台前和正在办业务的人身边。到邮局寄东西，哪怕只有两个人，孩子如果抢先去寄，也要告诉他注意先来后到。人多人少都要有这个意识。还有如随地吐痰、乱扔杂物、践踏花草等行为，虽说算不上大恶，但也绝不可等闲视之，要及时纠正孩子的这种不良行为。